Der Aachener Dom und seine Umgebung

VORWORT • FOREWORD • AVANT-PROPOS

In die Gestaltung dieses Bildbandes flossen viele Eindrücke gemeinsamer Besuche des Aachener Doms mit meiner lieben Frau Elisabeth ein, der ich hiermit ganz herzlich danken möchte.

Bei den Vorlesungen im Rahmen meines Seniorenstudiums und den Besichtigungen mit dem Lehrstuhl für Baugeschichte und Denkmalschutz unter der Leitung von Dr.-Ing. Lutz-Henning Meyer sowie mit dem Dombaumeister Dipl.-Ing. Helmut Maintz lernte ich viele interessante Details zum Aachener Dom kennen, wofür ich beiden sehr dankbar bin. In diesem Zusammenhang sind viele der Fotos entstanden.

Gerne dachte ich auch an meine lieben Eltern, die beide als Berufsfotografen mit großer Freude ihren Beruf ausgeübt haben.

Ziel meines Bildbandes ist es, die Einzigartigkeit des Aachener Doms als historisches Denkmal und seiner Umgebung auch anderen Besuchern näher zu bringen.

Der Erlös aus diesem Bildband kommt der Aktion „Der Aachener Dom braucht Hilfe" zugute.

During the design of this book I was reminded of the many shared visits to Aachen Cathedral I took with my beloved wife Elisabeth.

The lectures I visited as part of my studies of building history and monument conservation under leadership of Dr.-Ing. Lutz Henning Meyer and the cathedral's Master Builder Dipl.-Ing. Helmut Maintz taught me many interesting details about the cathedral, for which I am very grateful. It was in this context that the pictures in this book were taken.

I also liked to remember both my parents who enjoyed their jobs as professional photographers.

The goal of my book is to show the unique nature of Aachen Cathedral as a historical building and its surroundings and also bring it closer to other visitors.

The proceeds from this book will be used to support the initiative to sustain the cathedral (Der Aachener Dom braucht Hilfe).

Au cours de la réalisation de cet album, je me suis rappelé des nombreuses visites de la cathédrale d'Aix-la-Chapelle, accompagné d'Elisabeth, mon épouse bien aimée.

Dans le cadre des mes études pour seniors, lors des conférences et des mes fréquentations de la chaire d'histoire du bâtiment et de protection des monuments, sous la direction de monsieur Lutz Henning Meyer – docteur-ingénieur – et au contact de monsieur Helmut Maintz – docteur-ingénieur et ingénieur-architecte en chef de la cathédrale, j'ai pris connaissance de nombreux détails intéressants concernant la cathédrale d'Aix-la-Chapelle. Il en est résulté de nombreuses photos. Je leur dois toute ma reconnaissance.

En même temps, je pensais à mes parents adorés. C'étaient des photographes professionnels qui avaient exercé leur métier avec plaisir.

L'objectif de cet album est de mettre à portée du visiteur le caractère unique de la cathédrale d'Aix-la-Chapelle, en tant que monument historique, et de ses environs.

Le produit de la vente de cet album sera versé au compte de l'opération « Der Aachener Dom braucht Hilfe » (« La cathédrale d'Aix-la-Chapelle a besoin d'aide. »)

Herbert Bremm

Herbert Bremm

Der Aachener Dom und seine Umgebung

Mit Texten von Patricia Arin

Aachen Cathedral and its surroundings
La cathédrale d'Aix-la-Chapelle et son entourage

Meyer & Meyer Verlag

Der Aachener Dom und seine Umgebung

Bibliografische Information der Deutschen Nationalbibliothek
Die Deutsche Nationalbibliothek verzeichnet diese Publikation in der Deutschen Nationalbibliografie; detaillierte bibliografische Daten sind im Internet über http://dnb.d-nb.de abrufbar.

Adelaide, Auckland, Budapest, Cape Town, Graz, Indianapolis, Maidenhead, Olten (CH), Singapore, Toronto
Member of the World
Sport Publishers' Association (WSPA)
Druck: FINIDR, s. r. o., Český Těšín
ISBN 978-3-89899-531-3
E-Mail: verlag@m-m-sports.com
www.dersportverlag.de
www.aachen-buecher.de

Vorwort • Foreword • Avant-Propos

Ich freue mich sehr über den vorliegenden Bildband, weil er nicht nur die bekannten Bilder unseres Doms und seiner Schätze zeigt, sondern auch Bilder der Sanierungsarbeiten. Herr Herbert Bremm hat sich als Seniorstudent im Rahmen meiner Vorlesung an der RWTH Aachen über diese Sanierungsarbeiten informiert und konnte durch die Baustellenbegehungen auch einen Einblick in die Arbeiten gewinnen, die er fotografisch festgehalten hat. Ihm fiel auf, und es hat ihn beschäftigt, wie wichtig aber auch wie aufwendig diese Arbeiten sind, ein Denkmal, ja ein Weltkulturerbe zu erhalten.

Daraus ist seine Idee entstanden, einen Bildband zusammenzustellen, der nicht nur die üblichen schönen Bilder zeigt, sondern auch die Arbeitszustände oder auch Fotos aus Blickwinkeln, die der normale Besucher eigentlich nicht hat. Herrn Bremm danke ich sehr für seine Unterstützung in Form dieses Bildbandes für die Aktion ‚Der Aachener Dom braucht Hilfe'.

Helmut Maintz, Dombaumeister

I am delighted by this book as it not only shows already familiar images of our cathedral and its treasures, but also pictures the ongoing restoration work. Mr. Herbert Bremm has studied the reconstruction work as part of his studies as senior citizen in my lectures at the RWTH University Aachen and through construction site visits gained insight into the practical work, which he documented with his photos.

He noticed – and was preoccupied by – how important, but also how extensive the work is to preserve a historical building. Through this he arrived at the idea to create a book that not only includes the obviously beautiful images, but also the reconstruction work and images from viewpoints normal visitors usually don't get to see. I would also like to thank Mr. Bremm for his support in the initiative to preserve the cathedral (Der Aachener Dom braucht Hilfe) through this book.

Helmut Maintz, Aachen Cathedral Master Builder

Je suis très ravi par cet album que j'ai sous les yeux, non seulement parce qu'il montre les célèbres images de notre cathédrale et de ses trésors, mais aussi parce qu'il présente des photos des travaux de rénovation. Monsieur Herbert Bremm, étudiant senior à l'Ecole Technique Supérieure d'Aix-la-Chapelle (RWTH), a assisté à ma conférence sur les travaux de rénovation grâce à laquelle il s'est informé sur la question. Et, après des visites de chantiers de restauration, il a pu avoir un aperçu des travaux qu'il a fixés sur photos.

Il a été marqué et fortement préoccupé par l'importance et les exigences en efforts, en temps et en moyens de ces travaux d'entretien d'un monument du patrimoine culturel mondial. Ainsi, lui est venue à l'esprit l'idée de concevoir un album qui puisse présenter non seulement les belles images habituelles, mais aussi l'état des travaux ou bien des photos prises de différents angles que le visiteur non averti ne peut pas voir. Je tiens à remercier monsieur Bremm qui, par la réalisation de cet album, a grandement contribué au soutien de l'opération « Der Aachener Dom braucht Hilfe » (« La cathédrale d'Aix-la-Chapelle a besoin d'aide. »)

Helmut Maintz, Ingénieur-architecte en chef de la cathédrale

Die Dombausage

Wie manch andere historischen Gebäude hat auch der Aachener Dom seine Legenden. Die wohl bekannteste handelt vom Bau des Doms.

Wie so häufig beim Bau von öffentlichen Gebäuden soll auch den Aachenern damals vor der Vollendung das Geld ausgegangen sein. Da man den abwesenden Kaiser nicht enttäuschen wollte, sah sich der Stadtrat nach einer Möglichkeit um, an Finanzmittel zu kommen.

In der Stadt erschien bald ein Herr, der anbot, eine beliebige Summe zur Verfügung zu stellen, wobei er diese nicht einmal zurückerhalten wollte. Die einzige Gegenleistung sollte sein, dass er nach Fertigstellung des Münsters die erste Seele erhalte, die diesen betritt. Ganz klar handelte es sich hierbei um den Teufel persönlich, der so hoffte, die Seele des Bischofs oder sogar eines noch höheren Klerikers, der bei der Einweihung mit der Prozession immer voranging, zu erhalten.

In ihrer Not gingen die Aachener auf diesen Handel ein, doch als der Bau vollendet war, wollte niemand den Dom betreten. Die schlauen Bürger besannen sich aber auf die Worte des Teufels, in welchen niemals von einer *menschlichen* Seele die Rede war und so fingen sie im Wald einen Wolf und schickten diesen in den Dom.

Der Teufel, welcher im Inneren bereits gewartet hatte, entriss diesem in seiner Gier auf der Stelle die Seele. Als er merkte, dass er getäuscht worden war, spuckte er diese jedoch direkt wieder aus und lief zum Ausgang. In seiner Wut schlug er die Tür des Doms so fest zu, dass diese einen Riss bekam und er mit seinem rechten Daumen darin hängen blieb.

Den Riss in der rechten Bronzetür kann man noch heute sehen und den abgerissenen Finger des Teufels im Türgriff fühlen. Es heißt, wer diesen herausbekommt, erhält im Rathaus ein goldenes Kleid ...

Bis heute sieht man in der Vorhalle des Doms eine Statue des Wolfs, wobei das Loch in seinem Körper die herausgerissene Seele symbolisieren soll. Auf dem Sockel gegenüber sieht man die herausgespuckte Seele – einen Pinienzapfen.

Eigentlich sind beide Figuren jedoch Brunnenfiguren aus Bronze. Der „Wolf" ist ein Bär (Rom, ca. 2. Jahrhundert n. Chr.) und die „Seele" ein Pinienzapfen (Alter unbekannt), das Symbol für Reichtum und Fruchtbarkeit.

Abgerissener Daumen im Türgriff der Bronzetüre • Torn-off thumb in the door pull of the bronze gate • Le pouce arraché dans la poignée de la porte de bronze

Riss in der rechten Bronzetüre • Fracture in the right bronze door • La fissure du vantail droit de la porte de bronze

Wolf und Pinienzapfen in der Eingangshalle des Doms • *Wolf and pinecone in the foyer of the cathedral* • *Le loup et le cône de pin dans le hall d'entrée de la cathédrale*

Pinienzapfen, ein altes Fruchtbarkeitssymbol • *A pinecone, symbol of prosperity and fertility.* • *Le cône de pin, un vieux symbole de fertilité*

Wolf mit herausgerissener Seele • *Wolf with torn-out soul* • *Le loup à l'âme arrachée*

English

The Legend of the Cathedral's Construction

Much like other historical buildings, the cathedral of Aachen also has many myths surrounding it; the most famous one probably being the one about its construction.

Like many public building projects before and since then, it is said that the people of Aachen had underestimated the cost of the project and ran out of money. Since they did not want to disappoint Charlemagne, who was absent at the time, the city council searched for other ways to finance the project.

Soon a gentleman appeared in town, offered any sum of money needed and did not even want the money back. The only thing he wanted in return was the soul that first entered the newly finished cathedral.

He was the devil himself and hoped to receive the soul of the bishop or a cleric of even higher standing, since such dignitaries always led the dedication procession into a newly finished church.

In their time of need, the people of Aachen agreed to the trade, but when the construction was finished, naturally no one wanted to be the first one to enter it. The clever citizens then noticed that the devil had never said anything about a human soul, went to catch a wolf in the forest and sent it into the cathedral.

The devil, who had been waiting inside the cathedral, greedily ripped the soul from the wolf as it entered. Realizing he had been tricked, he immediately let it go again and angrily ran for the exit. In his wrath he threw the gate of the cathedral shut so hard that it cracked and his right thumb got caught in the crack.

One can still see the crack in the right side of the bronze gate and feel the thumb underneath the doorknob. It is said that if you manage to pull the thumb from the gate you will receive golden clothes in the town hall.

It is said that up to this day a statue of the wolf sits in the atrium of the cathedral – a gaping hole in its body where the soul was ripped from it. On a pedestal across from it sits the soul – a pinecone.

The statues have actually been confirmed to be roman bronze statues. The "wolf" is actually a bear (Rome, 2nd century AD) and the "soul" is indeed a pinecone (age undetermined), a symbol of prosperity and fertility.

Der Daumen des Teufels ist immer noch im Türgriff der Bronzetür fühlbar. • The devil's thumb is still felt in the door pull of the bronze gate. • On sent encore le pouce du diable dans la poignée de la porte de bronze.

La légende de la construction de la cathédrale

Comme nombre d'édifices historiques, la cathédrale d'Aix-la-Chapelle a aussi ses légendes. La plus connue d'entre elles est celle de sa construction.

Comme ça arrive souvent lors de la construction d'édifices publics, l'argent des citoyens d'Aix-la-Chapelle a été épuisé avant la fin du chantier. Et puisqu'on ne voulait pas décevoir l'empereur absent, le conseil municipal a essayé de trouver un moyen de récolter des fonds. Bientôt un homme apparut dans la ville et offrit gracieusement une somme illimitée d'argent. Mais, en contrepartie, il aurait voulu recevoir la première âme qui franchirait le seuil de la cathédrale après son achèvement. Bien sûr, dans ce cas, il s'agissait du diable en personne, qui espérait recevoir l'âme de l'évêque ou d'un ecclésiastique de haut rang, étant donné que celui-ci est toujours en tête de la procession inaugurale.

Dans le désarroi, les citoyens d'Aix-la-Chapelle acceptèrent ce marché. Mais lorsque la cathédrale fut achevée, personne ne voulut y entrer. Les Aixois, rusés, se souvinrent des paroles du diable qui n'avait jamais parlé d'âme humaine. Alors ils capturèrent un loup dans les bois et le dirigèrent vers la cathédrale.

Le diable qui attendait déjà à l'intérieur, dans sa convoitise, enleva à celui-ci sur-le-champ son âme. Quand il remarqua la supercherie, il la recracha tout de suite et courut vers la sortie. Dans sa fureur, il referma la porte de la cathédrale avec une telle violence qu'elle se fissura et son pouce droit resta coincé dans une fente.

On peut encore voir la fente dans le vantail droit de la porte de bronze et sentir dans la poignée le doigt arraché. On dit que celui qui arrivera à l'en sortir recevra dans l'hôtel de ville une robe en or.
À ce jour, on peut voir sous le porche de la cathédrale la statue du loup avec un trou dans son corps qui symbolise l'âme arrachée. En face, sur le socle, on voit l'âme en forme de cône de pin.

À vrai dire, les deux figures sont des figures de fontaine en bronze. Le « loup » est un ours (Rome, environ IIe siècle apr. J.-C.) et « l'âme » est un cône de pin, symbole de richesse et de fertilité.

Domansicht vom Münsterplatz • *View of the cathedral from the Münsterplatz* • *Vue sur la cathédrale depuis la place Münster*

Deutsch
English
Français

Die Lousbergsage

Nachdem der Teufel so von den Aachener Bürgern gedemütigt worden war, sann er auf Rache. Er wollte die Stadt, und damit auch den Dom, zuschütten. Also begab er sich an die nahe gelegene niederländische Küste und packte zwei Säcke mit Sand. Diese waren recht schwer und der Weg bis in die Stadt wurde ihm doch sehr lang. Bald begegnete er einer Marktfrau aus Aachen, welche ihn gleich an seinem Pferdefuß erkannte, und fragte, wie lange er denn noch bis Aachen gehen müsse. Die „louse" (schlaue) Marktfrau zeigte auf ihre durchgelaufenen und löchrigen Schuhe und jammerte, dass sie diese in Aachen erst gekauft habe. So weit sei es noch!

Der Teufel, nicht ahnend, dass er sich bereits kurz vor Aachen befand, gab daraufhin völlig erschöpft auf und schüttete die Sandsäcke an der Stelle, an der er gerade stand, aus. Daraus entstanden zwei Hügel, welche sich hinter dem Ponttor befinden und einen herrlichen Blick auf Aachen gewähren: der Lousberg und der Salvatorberg.

The "Lousberg" Legend

After the citizens of Aachen had humiliated the devil, he plotted revenge. He planned to cover the entire town, including the cathedral, in sand, so he went to the Dutch coast to get two sacks of sand. The sacks, however, were very heavy and the way back to the city seemed very long. Soon he encountered a market-woman from Aachen. The woman, seeing his club foot, recognized him as the devil and when asked how far he still had to go to Aachen the clever woman (an old German word for clever is "louse") pointed at her old, rundown shoes and complained that she had bought them in Aachen – It was still that far away!

The devil, not realizing he was already very close to the city, gave up and poured the sand from his sacks where he stood. This became the two hills outside the town gate Ponttor: the Lousberg and the Salvatorberg.

La légende du Lousberg

Après avoir été humilié de la sorte par les Aixois, le diable s'est mis à méditer sa vengeance. Il voulait ensevelir la ville et la cathédrale avec. Pour ce faire, il se rendit sur la côte néerlandaise voisine et ramassa deux sacs de sable. Ceux-ci étaient très lourds et le chemin vers la ville lui parut très long. Bientôt il rencontra une femme du marché d'Aix-la-Chapelle qui le reconnut tout de suite à son pied de cheval. Il lui demanda combien de temps de marche il lui restait jusqu'à la ville. Rusée (« louse »), la femme lui montra ses chaussures trouées et usées en lui disant qu'elle venait de les acheter à Aix-la-Chapelle. Le chemin est donc encore si long!

Le diable qui ne soupçonnait pas d'être si près de la ville, complètement épuisé, se résigna et vida sur place les deux sacs de sable. Ainsi surgirent les deux collines – le Lousberg et le Salvatorberg – qui se trouvent derrière la « Ponttor » et offrent une vue magnifique sur la ville.

◀ *Links • Left • A gauche:*

Teufel mit fehlendem Daumen
Devil with missing thumb
Le diable sans son pouce

„Teufel und Marktfrau", die am Fuße des Lousbergs in der oberen Kupferstraße davon zeugt, wie eine einfache Frau die Aachener rettete. Die Aachener sind für den Teufel zu gerissen: „De Oecher send der Düvel ze lous".

"Devil and market-woman" at the lower Lousberg in Kupferstraße attesting to the tale how Aachen was saved by a simple market-woman. The people of Aachen are too clever for the devil: "De Oecher send der Düvel ze lous."

« Le diable et la femme du marché » qui, au pied du Lousberg dans la rue supérieure Kupferstraße, raconte comment une femme ordinaire a sauvé les habitants d'Aix-la-Chapelle. Les Aixois sont trop rusés pour le diable « De Oecher send der Düvel ze lous ».

Karl der Große und Aachen

Nirgendwo ist die karolingische Epoche und mit ihr Karl der Große so lebendig wie in Aachen. Hier errichtete der Kaiser der Franken an der Stelle einer kleinen fränkischen Kirche seine Pfalz.

Bis dahin war es üblich, dass die Frankenkönige ihr Reich von verschiedenen Pfalzen aus regierten wo sie meist die Wintermonate verbrachten. Die Pfalzen waren eine wichtige Grundlage zur Herrschaftssicherung, doch erst Karl der Große beanspruchte eine Residenz als Mittelpunkt des Reiches. Unter seiner Herrschaft wurde Mitteleuropa durch zahlreiche Kämpfe zu einem Reich verbunden, mit Aachen als „Hauptstadt". Auch ein geistiges Zentrum schuf er, indem er in seiner Hofschule die Gelehrten seiner Zeit versammelte.

Durch die geografische Lage, die heißen Quellen und die reichen Wälder zur Jagd eignete sich Aachen bestens dafür. Hier weilte Karl der Große seit 794/5 im Winter und von 806 bis zu seinem Tod 814 fast durchgängig. Bereits sein Vater, Pippin der Jüngere, überwinterte hier.

Im Sinne der frühchristlichen Tradition, unter welcher der Herrscher von Gott berufen ist und somit als Schirmherr der Kirche fungiert, errichtete der Kaiser die Pfalzanlage.

Der genaue Zeitpunkt des Baubeginns ist unklar. Ein Holzanker in der Steinkuppel des Oktogons weist nach dendrochronologischen Messungen auf die Jahre 766 bis 786 hin.

Der Bau übertraf durch seine Größe und Form alle bis dahin gebauten Kirchen im Reich.

Nach eingehenden Untersuchungen ergibt sich, dass dem Bau des Doms ein Maßsystem zugrunde liegt, welches auf die Johannes-Offenbarung verweist. In Zusammenhang mit der Zahl „Zwölf" wird hier Bezug genommen auf das in der Offenbarung genannte „Himmlische Jerusalem", womit der Zentralbau diesem in Länge, Breite und Höhe entspricht.

◄ *Links • Left • A gauche:*

Dom Nordseite mit Marienkirche, Oktogon und Chorhalle (von rechts nach links)

North side of the cathedral with Octagon and choir hall. (right to left)

Côté nord de la cathédrale Notre-Dame, l'Octogone et la salle du chœur (de droite à gauche)

Rechts • Right • A droite: ►

Chorhalle oder „Glashaus", Ostseite Münsterplatz – Ursulinerstraße

Choir hall, also called "glass house." East side of cathedral, Münsterplatz-Ursulinerstraße

La salle du chœur ou « la maison de verre », côté est de la place Münster – rue des Ursulines (Ursulinerstraße)

English

Ansicht vom Katschhof auf die Pfalzkapelle oder Oktogon mit Laterne • View from Katschhof onto the palatine chapel (Octagon) with lantern • Vue depuis le «Katschhof» sur la Chapelle Palatine ou l'Octogone avec le lanterneau

Kreuz auf der Chorhalle • Crucifix on top of the choir hall • Croix au-dessus de la salle du chœur

Charlemagne and Aachen

As it was here the emperor of the Francs erected one of his imperial palatine palaces, Carolingian times – and with it Charlemagne – are vividly present in Aachen like nowhere else.

It had been customary for emperors to reign over their domain from various strategic locations – so-called palatine palaces – where they stayed during the winter months. The palatine palaces were an important tool for the emperor to keep watch over the expanding empire throughout Europe, using Aachen as the unofficial capital. Charlemagne also created an intellectual center of his empire by gathering the eminent scholars of his time.

Through its geographic location in the center of Europe, its hot springs and forests affluent with game for hunts, Aachen was ideally suited for this role. Charlemagne stayed here throughout the winters of 794/5 to 806 and after that almost completely up to his death in 814. His Father, Pippin the Short, had also stayed here during winters.

Following the traditions of early Christianity in which emperors were appointed by God and thereby also acted as an important head of the church, Charlemagne erected the palatine palace.

The specific date is uncertain but wooden parts in the dome have been dated to be from 766 to 786. The cathedral surpassed all previous churches throughout the empire in both size and form.

After exhaustive research it was ascertained that the layout of the cathedral is based on the Book of Revelations. The number "twelve" is present throughout the building, a reference to the Heavenly Jerusalem, the capital of heaven, which is most noticeable in length, width and height of the central building.

Charlemagne et Aix-la-Chapelle

Nulle part ailleurs, l'époque carolingienne et avec elle Charlemagne ne sont aussi présents qu'à Aix-la-Chapelle. C'est ici que le roi des Francs érigea son ensemble palatial à l'emplacement d'une petite église franque.

Jusque-là, il était courant que les rois francs gouvernent leur royaume depuis plusieurs palatinats où ils passaient les mois d'hiver. Les palatinats étaient déjà le fondement de la souveraineté. Mais c'est Charlemagne qui revendiqua une résidence en tant que coeur du royaume. Sous son règne, l'Europe centrale fut, après de nombreuses batailles, unifiée dans un empire ayant Aix-la-Chapelle pour capitale. Il fonda également un centre intellectuel en rassemblant les lettrés de son époque dans l'école de sa cour. En effet, Aix-la-Chapelle en avait tous les atouts grâce à ses sources chaudes et ses forêts giboyeuses. Charlemagne y séjourna pendant l'hiver 794-795 et, presque sans interruption, de 806 à sa mort en 814. Déjà, avant lui, son père Pépin le Bref y séjournait en hiver.

Comme, selon la tradition paléochrétienne, le souverain est désigné par Dieu et est chargé de la protection de l'Eglise, c'est Charlemagne qui édifia l'ensemble palatial. On n'a aucune certitude sur la date exacte du début des travaux. Selon des mesures de dendrochronologie, une ancre en bois dans la coupole de pierre octogonale a été datée des années 766 à 786. La construction surpassa par ses dimensions et sa forme toutes les églises construites jusque-là dans l'Empire. Un examen détaillé montre qu'un système de mesures qui se réfère à l'Apocalypse de Jean est à la base de la construction de la cathédrale. Le nombre « douze » qui fait référence ici à la « Jérusalem Céleste » de la révélation correspond à la longueur, à la largeur et à la hauteur du bâtiment central.

Ansicht vom Münsterplatz auf Pfalzkapelle und Chorhalle • View of the palatine chapel and choir hall from Münsterplatz • Vue depuis la place Münster sur la Chapelle Palatine et la salle du chœur

Nächste Doppelseite • Next pages • Page suivante:
Oktogon oder Pfalzkapelle • Palatine chapel (Octagon) • L'Octogone ou la Chapelle Palatine ▼

TUTUM STABILI FUNDAMINE TEMPLU

CUM LAPIDES VIVI PACIS COMPAG

Zentralbau Karls des Großen

Auf den Überresten einer römischen Thermenanlage und an dem Ort einer merowingischen Kapelle, von welcher man die Altarstelle übernahm, entstand um das Jahr 785 die karolingische Pfalz Karls des Großen.

Begonnen wurde mit dem Bau der Königshalle (heutiges Rathaus), wonach die Pfalzkapelle entstand. Diese beiden Gebäude waren verbunden durch einen Gang, welcher sich auf dem heutigen „Katschhof" befand (ehemals Standort des Prangers).

Der Kaiser soll sich zwar an der Architektur bedeutender Bauwerke seiner Zeit, wie z. B. San Vitale in Ravenna und dem Felsendom in Jerusalem, orientiert haben, aber er schuf mit dem Aachener Dom doch ein einzigartiges architektonisches Bauwerk.

Zu seinen Beratern und Bauleitern gehörten Otto von Metz, Alkuin von York und Einhard. Doch auch andere Fachleute ließ er sogar aus Norditalien kommen. Dies zeigt besonders die angewandte Wölbetechnik bei der Kuppel des Doms.

Die Pfalzkapelle bildete den Zentralbau des Doms. Hier sind bis heute der Westbau und das Oktogon in der Mitte erhalten geblieben.

Im Inneren gehören acht der großen marmornen Säulen zur erhaltenen karolingischen Ausstattung. Diese wurden wohl aus dem Palast des byzantinischen Statthalters in Ravenna überführt. Erhalten sind ebenso die acht Bronzegitter zwischen den Umgangsnischen und den Oktogonwänden, außerdem die Bronzetüren und der Thron.

Inneres des Oktogons im Morgenlicht • Interior of the Octagon in morning light • Intérieur de l'Octogone à la lumière du jour

Palatine Palace

Around the year 785 the Carolingian palatine palace was constructed on the remnants of a roman spa and the former location of a Merovingian chapel.

First the "Königshalle" (coronation hall) – a part of what is now the town hall – was started, then the palatine chapel was created. The two buildings were connected through a covered walkway across what is now the "Katschhof" between the cathedral and town hall. It was also the location of the pillory.

Important buildings of the time, such as the Basilica of San Vitale in Ravenna, Italy, and the Dome of the Rock on the Temple Mount in Jerusalem, are said to have inspired Charlemagne, but his new chapel had a distinct, new architectural style altogether.

Odo of Metz, Alcuin of York and Einhard advised Charlemagne on the architecture, but other experts from the north of Italy were also consulted. Such influences are most evident in the vaulted ceiling of the chapel.

The palatine chapel formed the central building of what is now the cathedral. Its western wing and the octagonal-shaped center (Octagon) have been preserved.

The chapel's interior today still includes the original eight marble columns, likely brought here from the Byzantine governor palace in Ravenna. Eight large bronze grates, as well as the bronze gates and the original throne, were also preserved.

Le bâtiment central de Charlemagne

L'ensemble palatial de Charlemagne a été construit sur les ruines de thermes romains et à l'emplacement d'une chapelle mérovingienne dont on a repris l'autel. Les travaux ont commencé par la salle du roi (l'actuel hôtel de ville). Ceux de la chapelle palatine ont été entamés par la suite. Ces deux édifices étaient reliés par un passage qui traversait la place où se trouve actuellement le « Katschhof » (c'est là que se trouvait le pilori). Même si l'Empereur s'est inspiré de l'architecture d'autres édifices importants de l'époque, comme par exemple la basilique Saint-Vital de Ravenne et la Coupole du Rocher de Jérusalem, il n'en demeure pas moins qu'il créa un ensemble architectural unique en son genre.

Parmi ses conseillers et maîtres d'œuvre figuraient Otto de Metz, Alcuin de York et Einhard. Charlemagne fit même venir des experts du nord de l'Italie.

La chapelle palatine constitue l'élément central de la cathédrale. L'aile ouest et l'octogone y ont été préservés jusqu'à nos jours. Huit des grosses colonnes de marbre font partie de l'intérieur carolingien qui est encore bien conservé. Sont également bien conservés les huit grilles de bronze d'entre les niches, les portes de bronze et le trône.

Bodenplatte eines Turms im Barbarossaleuchter • Baseplate of a spire in the Barbarossa Chandelier • Dalle du plancher d'une tour du lustre de Barberousse

Wertvoller Alabasterleuchter • Valuable alabaster light • Précieux luminaire en albâtre

Der Barbarossaleuchter • *Barbarossa Chandelier* • *Le lustre de Barberousse*

Der Barbarossaleuchter

Aus der romanischen Zeit sind in Deutschland nur noch drei solcher „Radleuchter" erhalten.

Der im Aachener Dom befindliche Leuchter weicht jedoch von der Form der übrigen ab (Zwölfzahl), da er sich am Oktogon (Achtzahl) orientiert, in dessen Mitte er sich befindet.

Er stammt aus dem Jahre 1165 und wurde im Auftrag Kaiser Friedrich I. Barbarossa zu Ehren Karls des Großen im Zuge von dessen Heiligsprechung in Auftrag gegeben und dem Dom geschenkt. Dadurch erhielt der im Durchmesser 4,16 m große Leuchter auch seinen Namen.

Der Leuchter symbolisiert die Herrlichkeit der Himmlischen Stadt Jerusalem, „die niederschwebt aus dem Himmel von Gott. (...) Und die Stadt war aus Gold. Und die Steine der Stadtmauer waren geschmückt mit Edelsteinen" (nach Johannes, Offenbarung, 21, 10, 18, 19), als bedeutendste Stadt der damaligen Zeit.

Zu sehen ist die Stadtmauer, unterbrochen durch acht kleine und acht große Türme und Tore.

Die erhaltenen Bodenplatten der Türme und die Michaelsplatte stellen die Lehre und das Leben Jesu Christi dar. In den 90er Jahren wurde der Leuchter einer umfassenden Sanierung unterzogen.

Rechts • Right • A Droite: ▶

Barbarossaleuchter mit Kuppelmosaiken im Oktogon, unten Schutzwand für Bauarbeiten an Mosaiken

Barbarossa Chandelier with dome mosaic in the Octagon, beneath protective wall for construction work on mosaic

Le lustre de Barberousse avec les mosaïques de la coupole dans l'Octogone, sous le mur de soutènement pour les travaux de réalisation des mosaïques

Nächste Doppelseite • Next Pages • Page double suivante: ▼

Barbarossaleuchter mit Durchblick zur Chorhalle

Barbarossa Chandelier with view on the choir hall

Le lustre de Barberousse avec vue sur la salle du chœur

Barbarossa Chandelier

Only three roman wheel-chandeliers of this kind are preserved intact in Germany.

The one found in the Aachen Cathedral, however, shows distinct peculiarities: It does not have the usual twelve corners, but has eight, much like the inner chamber of the cathedral in which it hangs. The 4.16-m-large (13.6 feet) chandelier was made in 1165, commissioned by Emperor Frederick Barbarossa and donated to the cathedral to commemorate the canonization of Charlemagne, giving it its name.

The chandelier symbolizes the grandeur of the Heavenly Jerusalem, descending from God in the heavens, made entirely out of gold, as mentioned in Revelation 21:10.

"And he carried me away in the spirit to a great and high mountain, and shewed me that great city, the holy Jerusalem, descending out of heaven from God".

It shows the cities' outer walls, divided by eight smaller and eight large towers and gates. The preserved base plates of these towers show the teachings and life of Jesus. In the 1990s the chandelier was elaborately restored.

Le lustre de Barberousse

En Allemagne, il n'y a plus que trois lustres en forme de roue datant de l'époque romaine qui se sont conservés. Celui qui se trouve dans la cathédrale d'Aix-la-Chapelle est cependant différent des autres (qui ont douze pans) par sa forme, il a huit pans et s'inscrit au milieu de l'octogone au milieu duquel il est suspendu. Il date de 1165 et a été commandé et offert à la cathédrale par l'empereur Frédéric Ier Barberousse en l'honneur de Charlemagne lors de sa canonisation. C'est pour cela que ce lustre, qui a un diamètre de 4,16 m, porte le nom de Barberousse. Il symbolise la splendeur de la « Jérusalem Céleste » qui « descend du ciel, d'auprès de Dieu ». Et la ville était en or. Et les pierres de la muraille de la ville étaient ornées de pierres précieuses (d'après l'Apocalypse de Jean, 21, 10, 18, 19). C'était la ville la plus resplendissante de cette époque.

Sur le lustre on peut voir la muraille de la ville interrompue par huit grandes tours et huit portes. Les dalles conservées des tours et le panneau de Saint-Michel symbolisent les enseignements et la vie de Jésus-Christ. Le lustre a été entièrement rénové dans les années 90.

FUNDAMINE
CAROLUS PRINCEP

ONDIDIT ESSE VELI
PACIS COMPA

ERANT
CREATA

Rechts • Right • ▶
A droite:

Altarraum im unteren Durchgang vom Oktogon zur Chorhalle aus der Sicht des Königsstuhls

Sanctuary in the lower passageway between Octagon and choir hall as seen from Charlemagne's throne

La salle de l'autel dans le passage inférieur de l'Octogone à la salle du chœur, vue depuis le siège royal

Altarraum im unteren Durchgang • *Sanctuary in the lower passageway* • *La salle de l'autel dans le passage inférieur*

◀ Links • Left • A gauche:

Kuppelmosaik im Oktogon • *Dome mosaic in the Octagon* • *La mosaïque de la coupole dans l'Octogone*

Marienaltar im Oktogon. Man sagt in Aachen, dies sei die reichste Frau Aachens wegen der vielen kostbaren Kleider. • *Shrine of the Virgin Mary in the Octagon. It is said in Aachen she is the wealthiest woman in town because she has so many precious clothes.* • *L'autel de la Vierge dans l'Octogone. À Aix-la-Chapelle, on dit que c'est la femme la plus riche de la ville en raison de ses somptueux habits.*

Strahlenkranzmadonna in der Chorhalle • Freely suspended Madonna statue in the choir hall • La couronne rayonnante de la Vierge dans la salle du chœur

Lesepult in der Chorhalle • Lectern in the choir hall • Lutrin dans la salle du chœur

Ambo (Heinrichskanzel), Geschenk Heinrichs II., 1014 unter Verwendung älterer profaner Kostbarkeiten hergestellt • Ambo (Heinrichskanzel), present of Heinrich II., manufactured in 1014 using older, secular treasures • Ambo (la chaire d'Henri), don d'Henri II, réalisé en 1014 avec l'emploi des plus anciens matériaux précieux profanes

Altarbereich zwischen Oktogon und Chorhalle
Sanctuary between the Octagon and choir hall
L'emplacement de l'autel entre l'Octogone et la salle du chœur

Staunende Kinder folgen den Erklärungen zum Karlsschrein. • Children listen with rapt attention to an explanation of Charlemagne's shrine. • Enfants émerveillés écoutant les explications sur la châsse de Charlemagne

Die Chorhalle

Um dem großen Ansturm der Pilgerströme gerecht zu werden, beschloss der damalige Dompropst Gerhard von Virneburg im Jahre 1355, einen neuen Chor zu errichten. Am 25. Januar 1414 wurde der gotische Bau, der starke Ähnlichkeiten mit der Sainte-Chapelle in Paris hat, vollendet und von Heinrich, Bischof von Sidon, eingeweiht.

Das Besondere an diesem architektonischen Meisterwerk ist die Einfügung in das Oktogon, welches die Halle stützt und somit auch trägt. Darüber hinaus wurde ein Verankerungssystem geschaffen, um die Chorhalle noch sechsfach durch Eisenbänder mit dem karolingischen Bau zu verankern und ihr so mehr Stabilität zu geben.

Der Bau aus 27 Meter hohen Glasflächen (über 1.000 qm), welche von 14 schmalen Pfeilern getrennt werden, beherbergt sowohl den Karls- als auch den Marienschrein.

Im Inneren der Halle fallen vor allem die Doppelfigur der „Strahlenkranzmadonna" aus dem 16. Jahrhundert und die Figuren der zwölf Apostel, der Muttergottes und Karls des Großen an den Pfeilern aus dem Jahre 1430 auf.

Die heutigen Fenster des „Glashauses von Aachen" stammen aus der Zeit nach dem Zweiten Weltkrieg. Die Chorhalle wurde zuletzt in den 90er Jahren umfassend saniert. Hierzu gehörte nicht nur eine komplette Reinigung von innen und außen, sondern auch eine Stabilisierung der Konstruktion.

Stirnseite des Marienschreins • Front end of the Shrine of the Virgin Mary • Le côté frontal de la châsse de la Vierge Marie

Karlsschrein (1215) in der Chorapsis • Shrine of Charlemagne (1215) in choir apse • La châsse de Charlemagne (1215) dans l'abside du chœur

Karlsschrein und Strahlenkranzmadonna mit Wandmalereien • Shrine of Charlemagne, suspended Madonna statue and the murals • La châsse de Charlemagne, la couronne rayonnante de la Vierge et les peintures murales

The Choir Hall

To be able to service the vast number of pilgrims coming to Aachen, the Cathedral Provost of the time, Gerhard von Virneburg, decided in 1355 to erect a choir hall. On January 25th, 1414, the gothic building that is similar to the Saint Chappelle in Paris was finished and dedicated by Heinrich, the Bishop of Sidon. The unique feature of this architectural masterpiece is how the choir hall was merged into the already existing eight-sided cathedral center, which also supports the hall's weight. The structure is also linked to the Carolingian building by eight iron bands, giving it more support.

The structure of 27-meter-tall glass areas (over 1000 square meters), divided by 14 slim pillars, houses the Shrine of the Virgin Mary, as well as that of Charlemagne. In the center of the hall the freely suspended Madonna figure from the 16th century, as well as the twelve apostles, and Charlemagne's figurines (1430) near the columns can also be found.

The current windows of the choir hall date from the time following World War II. The choir hall itself was renovated in the 1990s, not only entirely cleaning the windows from the inside as well as the outside, but also stabilizing the structure.

La salle du choeur

Le prieur de la cathédrale d'alors, Gerhard de Virneburg, décida en 1355 de bâtir un nouveau choeur afin de satisfaire le grand nombre de pèlerins. Le 25 Janvier 1414 l'édifice gothique, qui a une forte ressemblance avec la Sainte-Chapelle de Paris, a été achevé et consacré par Heinrich, évêque de Sidon.

Ce qui est remarquable dans ce chef-d'oeuvre architectonique c'est l'intégration de la salle dans l'octogone qui, par conséquent la soutient et la porte. De plus un système d'ancrage a été créé à l'effet de fixer la salle du chœur à l'édifice carolingien et de la stabiliser encore plus, ceci à l'aide de sextuples lames de fer.

La construction constituée de verrières de 27 mètres de hauteur (plus de 1.000 m^2) et encadrées de 14 minces piliers abrite les châsses de Charlemagne et de la Vierge Marie.

A l'intérieur de la salle apparaissent sur les piliers datant de l'année 1430 la double figure de la Vierge à la couronne rayonnante du XVIe siècle, les figures des douze apôtres, de Notre-Dame ainsi que celle de Charlemagne.

Les vitres actuelles de « la maison de verre d'Aix-la-Chapelle » on été posées après la seconde Guerre Mondiale. La salle du chœur a été complètement rénovée dans les années 90. Il a été effectué non seulement un nettoyage complet de l'intérieur et de l'extérieur mais également une stabilisation de la construction.

◄ *Links • Left • A gauche:*

Strahlenkranzmadonna hebt sich dezent vor den Glasfenstern ab.

Suspended Madonna statue in front of stained glass windows

La Vierge à la couronne rayonnante se détachant harmonieusement devant les verrières.

Rechts • Right • A droite: ►

Ausdrucksstarke Glasmalereien in der Chorhalle

Choir hall with its 27 m-high stained-glass windows

Les impressionnants vitraux de la salle du chœur

Gewölbe der Chorhalle mit Ankersystem und Strahlenkranzmadonna
Vaulted ceiling of the choir hall with anchor system and suspended Madonna statue
La voûte de la salle du chœur avec le système d'ancrage et la vierge à la couronne rayonnante

Die Wandmalereien

Die Wandmalereien unterhalb der Fenster der Chorhalle wurden 1998 konserviert und sind so für die Besucher wieder sichtbar gemacht worden, denn im Laufe der Zeit waren die Malereien des 15. und 17. Jahrhunderts durch Staub und Ruß stark verschmutzt. Im Zuge dessen wurden ebenfalls die Übermalungen des 18. und 19. Jahrhunderts entfernt, sodass man sich nun an den Originalen erfreuen kann.

In der Chorhalle wird überwiegend das Marienleben in Szenen dargestellt. Die früheste figürliche Darstellung ist die Szene der Verkündigung an Maria. Weitere Malereien stellen Stifter dar, welche Modelle der von ihnen Kirchen in Händen halten.

Rechts • Right • A droite: ▶

Das Heiligenpaar Kunigunde und Heinrich, Wandbild P1
Saints Kunigunde and Heinrich, fresco P1
Le couple saint Cunégonde et Henri, peinture murale P1

The Murals

The murals below the windows of the choir hall were restored in 1998 and are now visible quite clearly. These murals, dating from the 15th and 17th century, had been soiled by soot and dust throughout the centuries. The murals that had been painted over them in the 18th and 19th centuries have been removed to make the original murals visible again.

The choir hall mainly shows the life of the Virgin Mary, others depict benefactors holding the churches they dedicated.

Les peintures murales

Les peintures murales des XVe et XVIIe siècles au-dessous des vitres de la salle du chœur qui était couvertes de poussière et de suie on été nettoyées et rendues visibles au public en 1998. En même temps les peintures supérieures des XVIIIe et XIXe siècles on été enlevées et, maintenant, on peut admirer les peintures originales.

Dans la salle du chœur les peintures représentent essentiellement des scènes de la vie de la Vierge Marie. La représentation la plus ancienne est la scène de l'Annonciation à Marie. D'autres peintures représentent des donateurs qui tiennent dans les mains des maquettes d'églises qu'ils dédient.

▼ Unten, links nach rechts • Below, left to right • En bas, gauche à droite:

Anbetung der Heiligen Drei Könige, Wandbild P9 • The Adoration of the Magi, fresco P9 • L'adoration des Rois mages, peinture murale P9

Christus wandelt auf dem Meer, Wandbild P4 • Christ walks on water, fresco P4 • Le Christ marchant sur la mer, peinture murale P4

Die Weihe des Aachener Doms durch Papst Leo III., Wandbild P8 • Consecration of Aachen Cathedral by Pope Leo III., fresco P8 • La consécration de la cathédrale d'Aix-la-Chapelle par le pape Léon III, peinture murale P8

◀ *Links • Left • A gauche:*

Aachener Stiftswappen, Wandbild P7 • Seal of Aachen, fresco P7 • Les armoiries d'Aix-la-Chapelle, peinture murale, P7

Nächste Seite • Next Page • Page suivante: ▼

Säulenbereich neben dem Königsthron mit schönen Alabasterleuchtern • Columns next to the throne with alabaster lights • Emplacement des colonnes à côté du siège royal avec d'admirables luminaires en albâtre

Altartisch auf der Rückseite des Aachener Königsthrons • Altar behind throne • Autel derrière le trône royal d'Aix-la-Chapelle

Frontseite des Aachener Königsthrons • Front view of throne • Le trône royal d'Aix-la-Chapelle vu de face

Der Königsthron

Bei der Krönung Ottos I. im Jahre 936 in Aachen wird der auf der Empore stehende Königsthron (sedes Karoli) zum ersten Mal erwähnt. Er gewinnt große Bedeutung als eines der bedeutendsten Herrschaftszeichen seiner Zeit. Obwohl bis heute strittig ist, wann dieser genau aufgestellt wurde, ist ganz klar, dass der Nachfolger Karls des Großen auf dem Thron gesessen haben musste, um Anerkennung zu finden. Daher wurden an dieser Stelle zwischen 936 und 1531 34 Könige gekrönt.

Der Thron an sich erscheint eher geradlinig und unspektakulär. Er besteht aus vier weißen Marmorplatten, welche durch Bronzehaken verklammert sind. Diese müssen jedoch zur damaligen Zeit einen bedeutenden Wert gehabt haben.

Der Thron steht auf einer Marmorplatte, welche von Pfeilern getragen wird. Dieser Unterbau ist sicherlich jünger. Die sechs Stufen zum Thron sind aus Marmorsäulen zusammengesetzt. Darin war ein Sitz aus Holz eingelassen, in welchem Reliquien aufbewahrt werden konnten.

Deutsch

Nächste Doppelseite • Next pages • Page suivante:
Würdige Umgebung des Königsthrons • Dignified surroundings of throne • L'illustre emplacement du trône royal

English

Français

Throne of Charlemagne

The throne on the first level (sedes Karoli) is first mentioned during the coronation of Otto the First in 996 in Aachen. It is one of the most important regal symbols of its time. Even though it is unclear today when it was first erected, it is a proven fact that the successors of Charlemagne were all seated on it to gain recognition and association with Charlemagne. This is also the reason for 34 kings being crowned here between 936 and 1531.

The throne itself is rather unspectacular. It consists of white marble slabs, which are fastened together by bronze clasps. At the time such material must have been quite valuable. It rests on a large marble slab, which is supported by columns. This base is likely newer than the throne itself.

The six steps up to the throne are fashioned out of marble pillars. In it a seat out of wood was capable of holding important reliquaries.

Le trône royal

Pendant le couronnement d'Otto Ier en l'an 936 à Aix-la-Chapelle, le trône royal (sedes Karoli) qui se trouvait dans la galerie a été évoqué pour la première fois. Il a acquis une grande valeur symbolique en tant qu'un des éléments les plus importants du pouvoir de cette époque. Bien que ça soit encore discutable de nos jours quand il a été posé, c'est sûr que le successeur de Charlemagne devait être assis sur ce trône pour être reconnu. C'est pour cela que 34 rois on été couronnés sur ce siège entre 936 et 1531.

Le trône est de forme géométrique et plutôt banal. Il est constitué de quatre plaques de marbre blanc attachées par 4 corrières de bronze. Cependant, à l'époque, elles avaient dû avoir une grande valeur. Le trône est placé sur une dalle de marbre posée sur des piliers. Ce socle est sûrement plus récent. Les six marches qui mènent au trône on été taillées dans des colonnes de marbre. Un siège en bois dans lequel des reliques pouvaient être conservées y était encastré.

Seitenansicht des Aachener Königsthrons • Side view of throne • Vue de biais sur le trône royal d'Aix-la-Chapelle

Kostbare Bronzegitter umrahmen die Empore des Oktogons. • Valuable bronze grates frame the gallery of the Octagon. • De précieuses grilles de bronze encadrent la galerie de l'Octogone.

Deutsch
English
Français

Die Heiligtumsfahrt

Die Reliquien sind der wichtigste Bestandteil der alle sieben Jahre in Aachen stattfindenden Heiligtumsfahrt. Diese hat bereits eine lange Tradition. Begründet wurde sie im Jahre 1349 durch Karl IV. bei dessen Krönungsaufenthalt in Aachen und dauert bis heute an. Die letzte Heiligtumsfahrt fand im Jahre 2007 statt.

Reliquary Pilgrimage

The reliquaries are the most integral part of the pilgrimage that is hosted every 7 years in Aachen. This pilgrimage has had a long tradition and was started in 1349 by Charles IV during his coronation in Aachen. It is still held today, the most recent one in 2007.

Le pèlerinage

Les reliques sont l'élément le plus important du pèlerinage qui a lieu tous les sept ans à Aix-la-Chapelle. Celui-ci a déjà une longue tradition qui fut instituée par Charles IV en 1349 lors de son couronnement à Aix-la-Chapelle. Elle est encore observée de nos jours. Le dernier pèlerinage a eu lui en 2007.

◀ *Links • Left • A gauche:*

Oben • Above • En haut
Präsentation der Heiligtümer vor dem Oktogon
Presentation of reliquaries in front of the Octagon
Présentation des sanctuaires devant l'Octogone

Unten • Below • En bas
Präsentation des Marienkleides
Presentation of apparel of the Virgin Mary
Présentation de la robe de la Vierge

Rechts • Right • A droite: ▶

Präsentation der Heiligtümer, Enthauptungstuch Johannes des Täufers
Presentation of reliquaries, cloth said to have held the head of John the Baptist after his beheading
Présentation des sanctuaires, le linge dans lequel aurait été enveloppée la tête de Saint-Jean-Baptiste

Deutsch

Marienkirche/ Wallfahrtskirche

Seit 1238 werden die von Kaiser Karl nach Aachen gebrachten Reliquien den Gläubigen zur Verehrung zugänglich gemacht. Die Anzahl und Bedeutung der Reliquien bestimmte in der Zeit Karls des Großen die Bedeutung einer Kirche. So ist es nicht verwunderlich, dass zu den vier berühmtesten Aachener Heiligtümern das Lendentuch und die Windeln Jesu, ein Tuch, in welches der abgeschlagene Kopf von Johannes dem Täufer eingewickelt worden sein soll und ein Kleid von Maria aus der Heiligen Nacht zählen. Aufbewahrt werden diese Heiligtümer seit 1238 im Marienschrein (1220-1238) und werden nur bei besonderen Anlässen hervorgeholt und den Gläubigen gezeigt.

Friedenskreuz am Eingang der Marienkirche • Crucifix at entrance of Church of Our Lady • La croix de la paix à l'entrée de l'église Notre-Dame

Marienkirche, Westseite • Church of Our Lady, western side • Eglise Notre-Dame, côté ouest

Marienkirche, Westseite • Church of Our Lady, western side • Eglise Notre-Dame, côté ouest

Church of Our Lady/ Pilgrimage Church

Since 1238 the reliquaries brought here by Charlemagne have been exhibited in Aachen. During the times of Charlemagne the importance of a church was determined by the number and importance of reliquaries stored there. It is therefore not surprising that the four most important reliquaries in Aachen are said to include the so-called swaddling clothes and the loincloth of Jesus Christ, a cloth said to have held the head of John the Baptist after his beheading and a gown worn by the Virgin Mary. These reliquaries have been stored in the Shrine of the Virgin Mary (1220-1238) since 1238 and only taken out to be displayed during the pilgrimage.

Eglise Notre-Dame/ Eglise de pèlerinage

Depuis 1238, les reliques apportées par Charlemagne à Aix-la-Chapelle peuvent être admirées par les fidèles. Au temps de Charlemagne, le nombre et l'importance des reliques déterminaient la notoriété d'une église. Il n'est donc pas étonnant que les quatre reliques les plus connues soient constituées du pagne et des langes du Christ, d'un linge dans lequel aurait été enveloppée la tête de Saint-Jean-Baptiste et une robe de Marie qu'elle portait pendant la Nuit Sainte. Ces reliques sont conservées depuis 1238 dans la châsse de la Vierge Marie (1220-1238) et ne sont exposées aux fidèles que lors des grandes occasions.

Blick von der Galerie der Marienkirche • View from the gallery of the Church of Our Lady • Vue depuis la galerie de l'église Notre-Dame

Aachener Dom und St. Foillan, Blickrichtung aus Südwest
Cathedral and St. Foillan, view from the southwest
La cathédrale d'Aix-la-Chapelle et Saint-Feuillien (St.Foillan), vue sud-ouest

Dachkonstruktion über der Chorhalle • *Roof structure above choir hall* • *Ferme de charpente du toit au-dessus de la salle du chœur*

Stahlverstrebungen mit Feuerschutz sowie historischer Feuerlöscher aus der Zeit der Domwache während des Krieges • *Fireproofed steel-bracing with historic fire extinguisher from WWII* • *Contrefiches en acier avec protection anti-feu et extincteurs historiques des surveillants de la cathédrale datant de l'époque de la guerre.*

Dachkonstruktion über dem Oktogon • Roof structure above Octagon • Charpente du toit au-dessus de l'Octogone

Aufhängung des Barbarossaleuchters über dem Oktogon • Suspension of Barbarossa Chandelier above Octagon • La suspension du lustre de Barberousse au-dessus de l'Octogone

Die Kapellen

Der Bau der Ungarnkapelle an der Südseite des Doms im Jahre 1367, welche durch König Ludwig von Ungarn für die ungarischen Pilger gestiftet wurde, bildet den Beginn der Planungen, das karolingische Oktogon mit einem Kapellenkranz zu umgeben. Die Ungarnkapelle diente damals als Domschatzkammer und musste 1748 wegen Verfall abgerissen werden. Im Jahre 1756 wurde sie jedoch an der gleichen Stelle im barocken Stil wieder aufgebaut.

Ihr folgte ebenfalls auf der Südseite im Jahre 1400 die Matthiaskapelle. Dieser zweigeschossige Komplex wurde zusammen mit dem Chorraum geplant und in den Winkel zwischen Sechzehneck und Chor gebaut. Bei Krönungsfeierlichkeiten trafen sich hier früher der König und die Kurfürsten zur Beratung. Außerdem wechselte der Gekrönte hier seine Gewänder und die Krönungsurkunde wurde in der Matthiaskapelle besiegelt. Die Kapelle wird bis heute als Sakristei genutzt.

Kurz darauf, im Jahre 1449, wurde an der Südsüdostseite des Sechzehnecks (an die Matthiaskapelle anschließend) die Annakapelle gebaut. Auch sie wird als Sakristei genutzt. Das Untergeschoss des zweigeschossigen Baus war bis 1772 zum Münsterplatz hin offen. Unter der Kapelle befinden sich Reste einer römischen Therme.

Einen Zugang zum Dom durch ein karolingisches Bronzeportal haben die Karls- und Hubertuskapelle (erbaut zwischen 1465 und 1474). In der Karlskapelle im Obergeschoss befanden sich der erste Altar für den heiligen Karl den Großen und der Mauritiusaltar für den Schutzpatron der Langobarden. Die Besonderheit der Hubertuskapelle im Untergeschoss ist, dass diese durch eine Mauer getrennt wird. So sollte sichergestellt werden, dass der Gottesdienst durch einen Seiteneingang nicht gestört wurde.

An der Nordseite des Doms befindet sich die dreischiffige Nikolauskapelle von 1487 mit der darüber liegenden Michaelskapelle. Hier befand sich ein dem Erzengel Michael geweihter Altar.

Zu erwähnen sei noch die von 1450-55 im Inneren des Chorraums errichtete Marienkapelle, welche den Marienschrein barg und im Jahre 1786 abgetragen wurde.

◄ *Links oben • Left above • A gauche en haut:*

Chor der Nikolauskapelle mit Muttergottes (13. Jh., im 20 Jh. hinzugefügt)

Choir hall of St. Nicolas Chapel with Mother of God (13th century, added in 20th century)

Le chœur de la chapelle Saint-Nicolas avec La Vierge (du XIIIe siècle; ajoutée au XXe siècle)

◄ *Links unten • Left below • A gauche en bas:*

Die Ungarnkapelle erinnert an die Ungarnpilger

The Hungarian Chapel commemorates Hungarian pilgrims

La chapelle hongroise évoque les pèlerins hongrois

Rosenkranzfenster in der Nikolauskapelle • *Rosary window in the Nicholas' Chapel* • *Fenêtre avec rosaire dans la chapelle Saint-Nicolas*

The Chapels

The construction of the baroque Hungarian Chapel on the south side of the cathedral started in 1367 on behalf of King Ludwig of Hungary for Hungarian pilgrims and was the first of many chapels that today ring the Carolingian Octagon. The Hungarian Chapel was originally used as the cathedral's treasury but was torn down in 1748 because it was no longer structurally sound. It was, however, re-erected in 1756 in the same location.

Next to it, also on the south side of the cathedral, St. Matthew's Chapel followed in 1400. This two-leveled structure was planned along with the choir inserted into the recess between the choir and the Octagon. During coronations the king and the electors met in here to deliberate. The newly crowned king also went here to change into his new garments after which the seal was set on the official record here as well. Today this chapel is used as a vestry.

In 1449 the Anna's Chapel, which is connected to St. Matthew's Chapel, was erected on the south side of the Octagon. It is also used as a vestry today. The lower level of this two-level structure was open to the "Münsterplatz" until 1772. The remnants of a Roman spa are below the chapel.

Both Charlemagne's and St. Hubert's Chapel (erected between 1465 and 1474) have an entrance into the cathedral through bronze portals. The upper floor of the Charlemagne Chapel was the location of the first altar dedicated to the saint Charlemagne, as well as the Mauritius Altar, dedicated to the patron saint of the Lombards.

On the north side of the cathedral is the St. Nicolas' Chapel (1487), along with the St. Michael's Chapel above it. An altar dedicated to Archangel Michael used to be in this location.

Les chapelles

La construction de la chapelle baroque hongroise qui se trouve côté sud de la cathédrale a été initiée en 1367 par le roi de Hongrie Louis Ier le Grand pour les pèlerins hongrois. Cette construction marque le début du plan selon lequel l'octogone carolingien devait être entouré d'une ceinture de chapelles. La chapelle hongroise servait à l'époque de chambre des trésors de la cathédrale et devait être démolie en raison de son délabrement en 1748. Elle a été reconstruite au même endroit en 1756.

Après les chapelles hongroises, en 1400, on a construit également côté sud la chapelle Saint-Matthieu. Ce complexe à deux étages a été planifié en même temps que la salle du chœur et a été érigé à l'angle entre l'hexadécagone (polygone à seize pans ou côtés) et le chœur. Autrefois, pendant les cérémonies de couronnement, le roi et les princes électeurs se rencontraient en cet endroit pour des consultations. En outre, le souverain couronné y changeait ses habits et l'acte du couronnement était scellé dans la chapelle Saint-Matthieu. La chapelle est encore de nos jours utilisée comme sacristie.

Peu de temps après, en 1449, a été érigée la chapelle Sainte-Anne. Elle jouxte la chapelle Saint-Mathieu côté sud-sud-est de l'hexadécagone. Elle sert également de sacristie. Le sous-sol de cet édifice à deux étages était jusqu'en 1772 ouvert sur la place Münster. Sous la chapelle se trouvent les vestiges de thermes romains.

Les chapelles Saint-Charles et Saint-Hubert (édifiées entre 1465 et 1474) ont accès à la cathédrale par un portail de bronze. Au premier étage de la chapelle Saint-Charles se trouvaient le premier autel dédié à Saint-Charlemagne et l'autel Saint-Maurice dédié au patron des Lombards. La particularité de la chapelle Saint-Hubert qui se trouve au sous-sol est qu'elle est séparée par un mur. De cette façon l'office ne pouvait pas être perturbé par une entrée latérale.

Côté nord de la cathédrale se trouve la chapelle Saint-Nicolas datant de 1487. Elle comporte trois nefs et est surmontée de la chapelle Saint-Michel. L'autel consacré à l'archange Saint-Michel s'y trouvait.

Enfin, il faut encore mentionner la chapelle de la Vierge Marie qui se trouvait entre 1450 et 1455 a l'intérieur de la salle du choeur et abritait le reliquaire de Marie. Elle fut démontée en 1786.

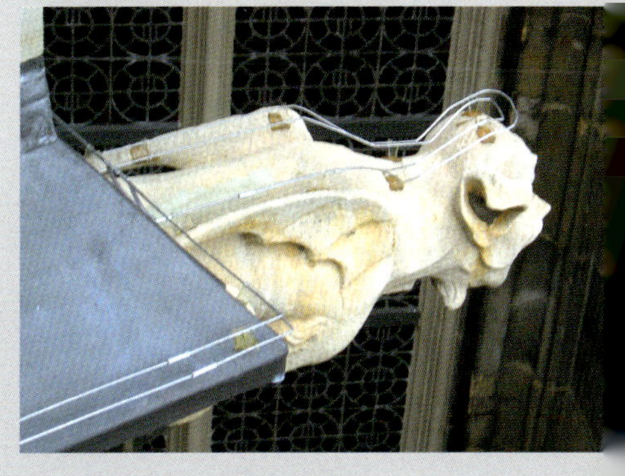

Oben • Above • En haut:

Ringanker umspannen die Pfalzkapelle zur Sicherung. • Peripheral anchors encompass palatine chapel for support. • Des armatures en anneau enserrent la chapelle palatine pour sa consolidation

Rechts • Right • A droite:

Figuren an den Seitenkapellen, teils mit elektrischem Taubenschutz • Statues on chapel facade, partly with electronic pigeon deterrent • Figures sur les chapelles latérales, avec en partie une protection électrique contre les pigeons

Deutsch

Zur Restaurierung

Da der Fußboden im Sechzehneck EG nicht mehr stabil genug ist (Durchbiegung von bis zu 10 cm), muss er erneuert werden. Hierbei wird die Unterkonstruktion aus Eisenbetonträgern demontiert. Auf die neue Stahlbetondecke wird der zuerst demontierte Natursteinboden wieder originalgetreu verlegt. Vorher wird noch die Erdauffüllung von 1910/11 bis zu 3,50 m tief archäologisch untersucht und abtransportiert (siehe Fotos S. 60).

▲ Oben • Above • En haut:

Dombaumeister Helmut Maintz bei Erklärungen der Restaurierungsarbeiten für Studenten im Fachbereich Baugeschichte und Denkmalschutz, links Karolingisches Mauerwerk Sechzehneck, rechts Pfeilersteinaustausch Annakapelle

Master Builder of the cathedral, Helmut Maintz, explaining restoration work for students of building history and conservation of ancient monuments; on the left Carolingian brickwork; on the right support exchange in St. Anna's Chapel.

L'ingénieur-architecte en chef de la Cathédrale Helmut Maintz expliquant les travaux de restauration à des étudiants du département d'histoire du bâtiment et de protection des monuments; à gauche, maçonnerie carolingienne de l'hexadécagone; à droite, remplacement de la pierre des piliers de la chapelle Sainte-Anne

◀ Rechts & links • Left & right • A gauche & à droite: ▶

Gereinigte Figuren nach dem Laserverfahren

Cleaned statues after laser treatment

Figures nettoyées par un procédé au laser

Fertige Teilerneuerung • Finished, partial reconstruction • Une partie rénovée

Abdruck einer Figur als Silikonkopie, Modell für kommende Jahre • Silicone cast of statue, the basis for copies for many years to come • Moulage d'une figure pour une copie au silicone, modèle pour les années à venir

Arbeiten im Oktogon unter dem Fußboden • *Work in the Octagon beneath the floor* • *Travaux dans l'Octogone, sous le plancher*

Renovation

Since the floor in the hexadecagon surrounding the Octagon was no longer supportive enough (it sagged by up to 10 cm), it has to be restored. The iron-cement support structure is dismantled and onto the new steel-cement structure the original bluestone is laid down again in its original way. But first the underlying backfill from 1910/11 is excavated to a depth of 3.5 m (4 yards).

Sur les restaurations

Là, le plancher dans l'hexadécagone n'est plus suffisamment stable (jusqu'à 10 cm d'inclinaison). Il doit être rénové. En même temps, le soubassement constitué de poutres de béton armé doit être démoli. Le plancher en pierre naturelle, démonté avant les travaux, sera de nouveau posé à l'identique sur le revêtement en béton armé. Mais, auparavant, le remblai des années 1910-1911 fera l'objet de fouilles archéologiques sur 3,5 m de profondeur et sera ensuite enlevé et transporté ailleurs.

Bauarbeiten an den Mosaiken hinter einer Schutzwand im Oktogonbereich • Construction work on mosaics behind a protective wall in the Octagon • Travaux sur les mosaïques derrière un mur de protection dans la zone de l'Octogone

Die Mosaiken

Mosaiken bestehen aus kleinen, gefärbten Glassteinen, die zu Bildern zusammengesetzt werden und so einen kunstvollen und beständigen Wand- und Bodenschmuck schaffen.

Heute finden wir im Aachener Dom Mosaiken und Wandverkleidungen aus Marmor auf fast 2.500 qm Fläche.

Bereits zur Zeit Karls des Großen gab es in der Kuppel ein Mosaik, dessen Motiv in Quellen festgehalten war. Im 18. Jahrhundert wurden in der Kuppel dann italienische Malereien angebracht, die jedoch im 19. Jahrhundert wieder abgetragen wurden. Man einigte sich darauf, wieder zu den ursprünglichen Mosaiken zurückzukehren.

Das heutige Mosaik der Kuppel stammt aus den Jahren 1880-1881 nach den Entwürfen des belgischen Malers Baron Béthune d'Ydevalle und setzt sich aus Motiven aus Ravenna, Rom und Konstantinopel zusammen.

Im Jahre 1901 wurde nach Entwürfen des Hannoveraner Professors Hermann Schaper begonnen, auch den unteren Teil der Kuppel (Tambour) mit Mosaiken zu versehen.

Im letzten Jahrhundert schließlich wurde dann noch der Boden mit Mosaiken und Marmor ausgestattet. Seit dem Jahre 2006 werden die durch Schmutz und Schadstoffe angegriffenen Mosaiken und Marmorplatten an Wand und Boden restauriert.

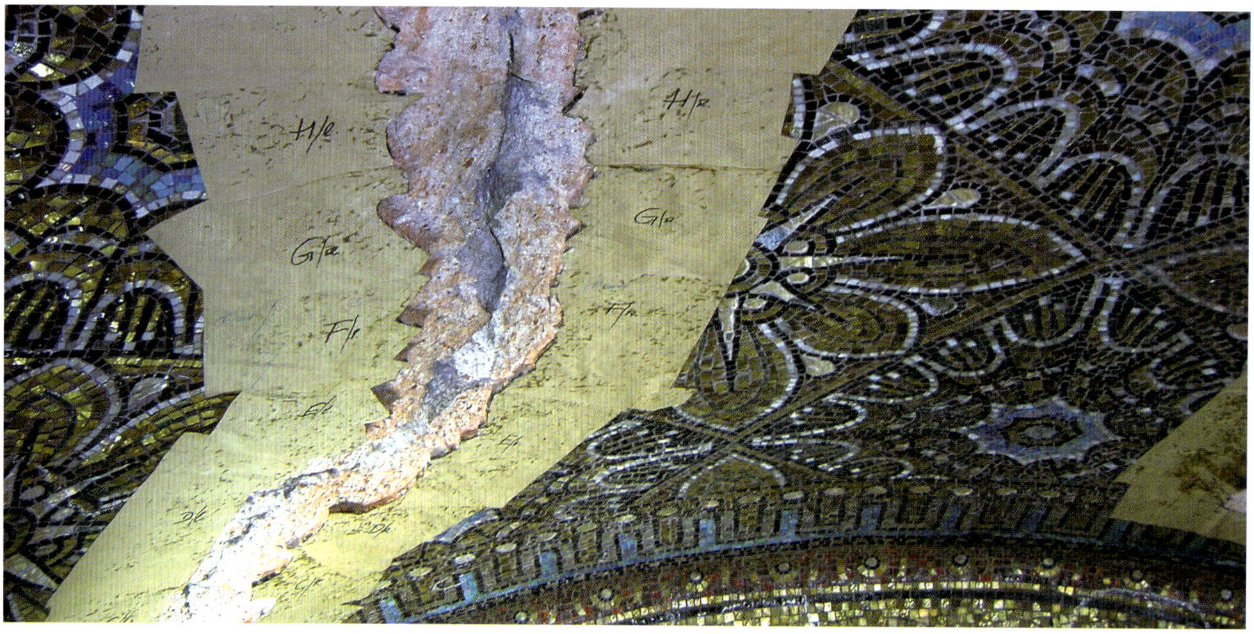

Risse im Mauerwerk des Aachener Doms: Bei der Sanierung der Mosaiken im Nord-West-Joch des Sechzehnecks wurde der Schaden an den Mosaiken und am karolingischen Mauerwerk entdeckt. „Der Dom fällt nicht zusammen, aber wir müssen ihn stabilisieren", sagt Dombaumeister Helmut Maintz. Um den Schaden genauer zu analysieren, wurden Risssensoren montiert. Sie erfassen jede Bewegung im Mauerwerk und sollen Hinweise geben, warum die Mauer aufgerissen ist. (www.az-web.de)

Fracture in the brickwork of Aachen Cathedral: During the renovation of mosaics in the northwest span of the Hexadecagon, damage to the mosaics and underlying Carolingian masonry was discovered. "The cathedral will not collapse, but we have to stabilize it," cathedral master builder Helmut Maintz said. To further analyze the damage, sensors were placed. They will detect any movement in the brickwork and are meant to give indications why it cracked. (www.az-web.de)

Fissures dans la maçonnerie de la cathédrale d'Aix-la-Chapelle : lors de la rénovation de la mosaïque dans la travée nord-ouest de l'héxadécagone, des détériorations des mosaïques et de la maçonnerie carolingienne ont été découvertes. « La cathédrale ne s'écroule pas en entier, cependant nous devons la stabiliser », a déclaré l'ingénieur-architecte en chef de la cathédrale Helmut Maintz. Des détecteurs de fissures ont été installées afin d'analyser en détail les détériorations. Ils enregistrent chaque mouvement dans la maçonnerie et doivent indiquer pourquoi la muraille est fissurée. (www.az-web.de)

Damit die Steinchen nicht wild durcheinanderpurzeln und jedes sanierte Mosaik auch noch so aussieht wie das Original, werden alle Steinchen zunächst auf Transparentpapier abgezeichnet. Dann werden sie einzeln abgelöst und auf der Vorderseite mit einer Mischung aus Rübenkraut und Roggenmehl bestrichen. Rübenkraut und Roggenmehl ergeben eine klebrige Masse, mit der die Mosaike auf Papier befestigt werden. (az am 23.04.09)

In order to not wildly mix the stones of the mosaics and to ensure that the finished reconstruction closely resembles the original, the individual stones are first traced through onto tracing paper. Then they are individually removed and pasted onto the paper using a sticky mixture of sugar beet molasses and rye flour. (az, 04.23.09)

Pour que les tesselles ne tombent pas pêle-mêle et que chaque mosaïque rénovée ait l'aspect original, toutes les tesselles ont été tout d'abord dessinées sur papier transparent. Ensuite, elles ont été enlevées une à une et enduites sur leur face d'un mélange de mélasse de betterave et de farine de seigle. La mélasse de betterave et la farine de seigle donnent une masse gluante grâce à laquelle la mosaïque adhère au papier. (az, au 23.04.09)

Auf Pergament übertragene Mosaiksteinzeichnung • Mosaic stones, traced on tracing paper • Dessin d'une tesselle (pièce, élément de base d'une mosaïque) reproduit sur parchemin

Rote Linie zeigt eine Risslinie, wo Mosaiksteinchen entfernt werden müssen. • The red line signifies a crack where mosaic stones have to be removed. • La ligne rouge montre la ligne de fracture (fissure) d'où les tesselles doivent être enlevées.

The Mosaics

Mosaics are built out of small, colored glass stones that are assembled to form large pictures on floors, ceilings and walls. Today the Aachen cathedral houses mosaics and wall-panels made from marble that together total 2,500 square meters.

Already in Charlemagne's times the cathedral's dome sported a large mosaic that is described by numerous sources. In the 18th century the dome was then covered in Italian frescos, which were, however, removed in the 19th century when it was decided to return to the original design.

Today the dome is adorned by mosaics from 1880/81 designed by Belgian painter Baron Béthune d'Ydevalle and consists of motives from Ravenna, Rome and Constantinople (today called Istanbul).

In 1901 Herman Schaper, a professor from Hannover, designed new mosaics to also cover the lower part of the dome (Tambour) with mosaics. Finally, in the last century the floor and walls were also covered in mosaics and marble. Since 2006 dirt and harmful substances are being removed from the walls and floor.

Les mosaïques

Les mosaïques sont constituées de petites pierres de verre colorées (tesselles) qui sont agencées en images et forment une décoration ouvragée et résistante pour les murs ou les sols. De nos jours on trouve dans la cathédrale d'Aix-la-Chapelle des mosaïques et des revêtements de murs couvrant une surface de presque 2.500 m^2.

Du temps de Charlemagne, dans la coupole se trouvait déjà une mosaïque dont le motif était conservé dans les sources. Au XVIIIe siècle, des peintures italiennes ont été appliquées dans la coupole et ont été à nouveau enlevées au XIXe siècle.

Par la suite, on s'est mis d'accord pour réintégrer les premières mosaïques.

La mosaïque actuelle de la coupole date des années 1880-1881. Elle a été dessinée par le décorateur belge, le Baron de Béthune d'Ydevalle et est composée à la fois de motifs de Ravenne, Rome et Constantinople.

En 1901, on a commencé également la décoration de la partie inférieure de la coupole (le tambour) avec des mosaïques dessinées par le professeur Hermann Schaper de Hanovre. Enfin, au siècle dernier, le plancher a été décoré de mosaïques et de marbre. Depuis 2006 on rénove les mosaïques et les plaques de marbre des murs et du plancher qui sont affectés par les salissures et des substances corrosives.

Feinste Reparaturarbeiten an den Mosaiken auf Grund eines massiven Risses im Oktogonbereich • Detailed reconstruction work on mosaics due to a massive fracture in the Octagon • Réparation des plus délicates sur les mosaïques en raison de fissures massives affectant la zone de l'Octogone

Experten bei den Restaurierungsarbeiten • *Specialists during renovation work.* • *Experts exécutant des travaux de restauration*

Wunderschöne Details der Mosaikdarstellungen • *Beautiful details in mosaic design.* • *Admirables détails de la représentation d'une mosaïque*

Nebel verzaubert den Dom.
Fog enchants the cathedral.
Le brouillard donne à la cathédrale un aspect magique.

Blick in den Innenhof der Domsingschule • View into the inner courtyard of the cathedral's choir school (Domsingschule) • Vue sur la cour intérieure de l'école de chant de la cathédrale

Dachgärten an der Ecke Spitzgäßchen – Schmiedstraße – Münsterplatz, früher idealer Standort bei Heiligtumsfahrten • Roof gardens at the corner of Spitzgäßchen – Schmiedstraße – Münsterplatz, formerly the ideal place to view reliquaries during the pilgrimage • Jardins-terrasses à l'angle des rues Spitzgäßchen – Schmiedstraße et de la place Münster, jadis lieu idéal pendant le pèlerinage

◀ Links • Left • A gauche:

Blick auf die Marienkirche von der Domsingschule • View onto the Church of our Lady from the cathedral's choir school • Vue sur l'église Notre-Dame depuis l'école de chant de la cathédrale

Der Vogelbrunnen

Der Vogelbrunnen, von den Aachenern „Möschebrunnen" genannt, ist eine Bronzearbeit von Bonifatius Stirnberg, welche im Jahre 1978 am Münsterplatz aufgestellt wurde.

Durch das Drücken auf einen Knopf im Sockel lässt man die „Mösche" (Spatzen) trinken.

The Bird-Fountain

The Bird-Fountain is called "Möschebrunnen" and consists of a bronze work by Bonifatius Stirnberg. Erected in 1978 on the Münsterplatz in the shade of the cathedral, the button on the base of the fountain lets the sparrows ("Mösche") drink.

La fontaine aux oiseaux

La fontaine aux oiseaux (appelée localement « Möschebrunnen »), oeuvre de bronze de Boniface Stirnberg, a été érigée sur la place Münster en 1978. En appuyant sur un bouton disposé sur le socle, on peut fait boire les moineaux (« Mösche »).

Deutsch
English
Français

◀ *Links • Left • A gauche:*

„Möschebrunnen" am Münsterplatz

"Möschebrunnen" at Münsterplatz

La fontaine aux oiseaux (« Möschebrunnen ») sur la place Münster

◀ *Linke Seite • Left page • Page à gauche:*

Ecke Schmiedstraße – Spitzgäßchen

Corner of Schmiedstraße – Spitzgäßchen

Angle des rues Schmiedstraße – Spitzgäßchen.

Nächste Doppelseite • Next pages • Page suivante:

Schmiedstraße mit Fischpüddelchen im Winter

Schmiedstraße with "Fischpüddelchen" in winter

La rue Schmiedstraße avec le petit enfant nu (« Fischpüddelchen ») en hiver ▼

Stimmungsvolle Domansicht vom Katschhof
Atmospheric view of the cathedral from Katschhof
Vue sur la cathédrale parée en « habits de fête » depuis le « Katschhof »

Domansicht mit St. Foillan aus der Blickrichtung des Elisengartens
View of cathedral with St. Foillan from direction of Elisengarten
Vue sur la cathédrale avec Saint-Feuillien (St. Foillan) depuis le jardin d'Elise

Frühlingserwachen im Elisengarten
Blossoming of spring in Elisengarten
Le réveil du printemps au jardin d'Elise

Sankt Stephanus mit gold-silbernem Mantel vor der Ungarnkapelle des Aachener Doms als Erinnerung an die Ungarnpilger

Saint Stephanus with golden and silver cloak in front of the Hungarian Chapel in memory of Hungarian pilgrims.

Saint-Stéphane en cape dorée et argentée devant la chapelle hongroise de la cathédrale d'Aix-la-Chapelle à la mémoire des pèlerins hongrois

Blausteinfassade der griechisch-orthodoxen Kirche des Erzengels Michael und des Hl. Dimitrios zu Aachen
Blue-stone façade of the Greek-orthodox church of archangel Michael and Saint Dimitrios in Aachen.
Façade de pierre bleue de l'église orthodoxe grecque Saint-Michel et Saint-Dimitri à Aix-la-Chapelle

Innenansicht der griechisch-orthodoxen Kirche
Interior of the Greek-orthodox church
Vue intérieure de l'église orthodoxe grecque

Elisenbrunnen mit Wasserfontäne • *Elisenbrunnen with water fountain* • *La fontaine d'Elise avec jet d'eau*

Der Elisenbrunnen

Unweit des Aachener Doms, am Friedrich-Wilhelm-Platz gelegen, befindet sich der Elisenbrunnen. Dieses klassizistische Gebäude mit dorischen Säulen wurde in den Jahren 1822 bis 1827 nach den Plänen des preußischen Oberbaurats Karl Friedrich Schinkel und des Aachener Landbauinspektors Johann Peter Cremer errichtet und nach Prinzessin Elisabeth Ludowika (genannt Elise), Ehefrau des Kronprinzen Friedrich Wilhelm, benannt.

Bereits zur damaligen Zeit war Aachen ein bekannter und beliebter Kurort und für die warme, schwefelhaltige Kaiserquelle (bis zu 74° Celsius) wurde ein neuer Trinkbrunnen benötigt.

Die Errichtung an dieser Stelle bot sich an, da durch die Herleitung von der Kaiserquelle kein großer Temperaturverlust zu befürchten war und hier das gleichmäßige Gefälle genutzt werden konnte.

Während des Zweiten Weltkriegs wurde der Elisenbrunnen fast vollständig zerstört und in den Jahren 1953-54 originalgetreu wieder aufgebaut.

Seitdem fließt aus den zwei Löwenmäulern das schwefelhaltige Wasser in die Becken aus afrikanischem Granit. Charakteristisch ist die offene Wandelhalle mit Säulenvorbau und jeweils rechts und links einem Pavillon, wo heute der Aachener Verkehrsverein untergebracht ist. In der Wandelhalle erinnern steinerne Tafeln an die Prominenten, welche das Wasser der Quelle tranken, wie Georg Friedrich Händel, Friedrich der Große und Peter der Große.

Hinter dem Gebäude befindet sich der Elisengarten, der seit 2006 neu gestaltet wird. Der Schwerpunkt wird hier auf einen Bezug zum Thema Wasser und zur Schaffung eines Ruhepols mitten im Trubel der Einkaufsmeile gelegt. Zuvor hatten die Stadtarchäologen die Möglichkeit, diesen Bereich ein halbes Jahr lang zu untersuchen.

Hierbei kamen einige interessante Objekte zutage, die neue Aufschlüsse über die Geschichte der Stadt liefern. Auch Einwohner und Touristen konnten die Ausgrabungsstätte besichtigen.

The "Elisenbrunnen"

Not far from the cathedral, located at Friedrich-Wilhelm-Platz, is the Elisenbrunnen. This neo-classical building with its Doric columns was built from 1822 to 1827 according to plans by the Prussian senior government engineer Karl Friedrich Schinkel and Johann Peter Cremer, who lived in Aachen. It was named after Elisabeth Ludowika (also called Elise), the wife of crown prince Friedrich Wilhelm.

At the time Aachen was already famous as a spa due to its warm and sulfurous thermal springs (up to 74° C/ 165° F) and a new drinking fountain was needed. The construction at this site was ideal, as its close proximity to the actual spring meant not much heat was lost and a gradient sloping towards the new building made getting the water here easy.

The Elisenbrunnen was almost completely destroyed during WWII but painstakingly rebuilt in 1953-1954.

Since then sulfurous water pours out of lion heads into basins of African granite. The foyer with its columns and pavilion on both left and right now also houses the tourist information office. In the foyer of the building large plaques document the various celebrities who drank from the spring, including Georg Friedrich Händel, Frederick the Great and Peter the Great.

Behind the building the "Elisengarten" park can be found, which is being remodeled since 2006. It focuses both on water, as well as offering calm relaxation close to the shopping streets nearby. Recently city archeologists excavated and studied the area for half a year, making important discoveries while the public was allowed to observe in the tent-covered excavation site itself.

La fontaine d'Elise

Pas loin de la cathédrale d'Aix-la-Chapelle, sur la place Frédéric-Guillaume, se trouve la fontaine d'Elise (Elisenbrunnen). Cet édifice de style classique, aux colonnes doriques, a été construit entre 1822 et 1827 d'après les plans de l'ingenieur-architecte en chef prussien Karl Friedrich Schinkel et de l'inspecteur de l'agriculture aixois Johann Peter Cremer. La fontaine est dédiée à la Princesse Elisabeth Ludowika (appelée Elise), l'épouse du prince héritier Frédéric-Guillaume.

Déjà à cette époque, Aix-la-Chapelle était une station thermale réputée et appréciée et, pour sa source impériale chaude (74 °C) et sulfureuse, on avait besoin d'une nouvelle borne-fontaine. Le choix de l'endroit était judicieux puisque la conduite en pente régulière à partir de la source impériale n'entraînait pas de baisse notable de la température.

Au cours de la Seconde Guerre mondiale la fontaine d'Elise a été presque complètement détruite. Elle fut reconstruite à l'identique dans les années 1953-54.

Depuis, l'eau sulfureuse coule de deux gueules de lion dans des bassins de granit africain. L'édifice se caractérise par un promenoir ouvert à colonnes avec un portique proéminent et flanqué à l'extrémité des galeries de deux pavillons dont l'un abrite aujourd'hui l'office de tourisme d'Aix-la-Chapelle. A l'intérieur du promenoir des plaques commémoratives de pierre portent gravés les noms de personnalités célèbres telles que Friedrich Händel, Frédéric le Grand ou Pierre le Grand qui ont bu l'eau de cette fontaine.

Derrière l'édifice se trouve le jardin d'Elise qui est en réaménagement depuis 2006. Le point focal de ce réaménagement réside dans le rapport au thème de l'eau et à la création d'un havre de paix au milieu du tumulte du centre commercial. Avant les travaux, les archéologues de la ville ont eu la possibilité d'y entreprendre des fouilles pendant six mois. Ils mirent au jour des objets intéressants qui donnent de nouvelles informations sur l'histoire de la ville. Les habitants de la ville et les touristes avaient aussi la possibilité de visiter ce site archéologique.

Nächste Doppelseite • Next pages • Page suivante:

Elisenbrunnen bei Nacht

Elisenbrunnen at night

La fontaine d'Elise « by night » ▼

Ausgrabungen im Elisengarten 2008/09
Excavation in Elisengarten park in 2008/09
Les fouilles (archéologiques) dans le jardin d'Elise en 2008-2009

Der Stadtname

Das Wasser und damit die heißen Quellen Aachens haben den Ort nicht nur zu dem gemacht, was er heute ist, sondern ihm auch seinen Namen gegeben.

Der Ursprung des Namens stammt wohl von dem fränkischen Wort „Aha" ab, was „Wasser" bedeutet. Die Römer nannten den Ort dann „Aquae Granni" nach dem keltischen Heil- und Quellgott Grannus, woraus im Mittelalter dann „Aquisgranum" wurde.

Seit vielen Jahrtausenden sprudeln die heißesten Mineralquellen Mitteleuropas aus dem Boden und laden viele Gäste zur Erholung ein. Bis heute wird in den Kurkliniken Rheuma und Gicht kuriert.

The City Name

The water and hot springs not only made Aachen into what it is today, it also gave it its name. The source of the name is likely connected to the Frankish word for water: "Aha."

The Romans called the town "Aquae Granni" after the Celtic god of healing and springs "Grannus," which in the middle ages evolved into "Aquisgranum." The hottest springs in Europe have been coming to the surface for millennia, inviting guest to come for recovery as well as relaxation.

Even today the springs are used in treatments at local health clinics, for example to treat rheumatism and gout.

Le nom de la ville

L'eau et les sources chaudes d'Aix-la-Chapelle en ont non seulement fait le lieu qu'il est de nos jours mais ils lui ont aussi donné son nom.

L'origine du nom Aachen (le nom allemand d'Aix-la-Chapelle) provient du mot francique « Aha », ce qui signifie « eau ». Les romains appelaient cet endroit « Aquae Granni » d'après le dieu celte de la guérison (du salut) et des sources, Grannus. Au Moyen Âge, la ville devint « Aquisgrannum ».

Depuis plusieurs millénaires, les sources d'eau minérale les plus chaudes jaillissent du sol et invitent de nombreux visiteurs au délassement. De nos jours encore, le rhumatisme et la goutte sont soignés dans les cliniques thermales.

Rechts • Right • À droite: ▶

Öffentliche Trinkstelle im Schinkelbau des Elisengartens

Public drinking fountain in the schinkel addition of the Elisengarten

Borne fontaine publique dans le jardin d'Elise dans la galerie, œuvre de Schinkel

Brunnen „Kreislauf des Geldes“

Der 1977 von der Sparkasse Aachen gestiftete Brunnen wurde von Prof. Karl Henning Seemann gefertigt. Hier soll durch die Symbolik des Wassers der Kreislauf des Geldes dargestellt werden. Unterstützt wird dies noch durch die Gestik der Figuren am Rande: Der Umgang mit Geld ist ein Geben, ein Nehmen und ein offenes und verstecktes Verhandeln.

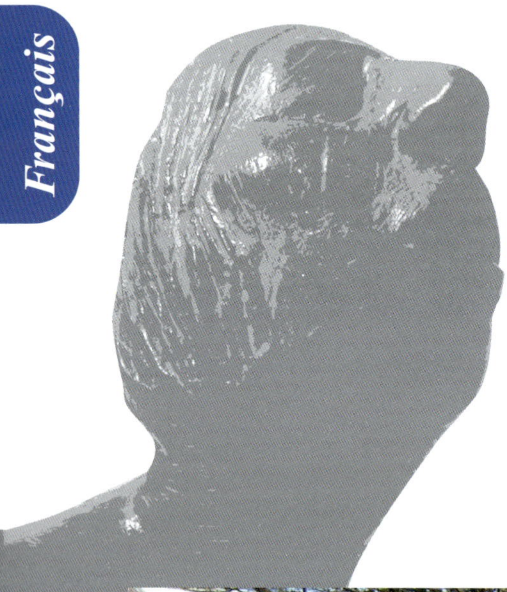

The “Money-Cycle”-Fountain

The fountain was donated in 1977 by the bank "Sparkasse Aachen" and created by Prof. Karl Henning Seemann. It symbolizes the exchange of money as a closed system, depicting figures at its rim who openly, as well as covertly, haggle and deal with money.

La fontaine « le cycle de l’argent »

La fontaine offerte à la ville par la Caisse d'Epargne (Sparkasse Aachen) en 1977 a été réalisée par le professeur Karl Henning Seemann. Cet ouvrage symbolise à travers l'eau la circulation de l'argent. Cette symbolique est renforcée par les gestes des figures debout au bord de la fontaine : ils suggèrent que l'argent se donne, se prend et suscite des actions au grand jour ou dissimulées.

Kreislauf des Geldes an der Ursulinerstraße – Hartmannstraße • "Aachen-Archetype" at money-cycle fountain • La fontaine « Le cycle de l'argent » à l'angle des rues Ursulinerstraße et Hartmannstraße.

Aachener Gruß • *Local Aachen greeting* • *Le salut aixois*

Der Klenkes

Von dem Aachener Künstler Hubert Löneke stammt das Denkmal am Holzgraben aus dem Jahr 1970. Zu sehen sind drei Jugendliche, welche den kleinen Finger der rechten Hand in die Luft strecken.

Dies ist das Erkennungszeichen der Aachener in der ganzen Welt und stammt wahrscheinlich daher, dass in Aachen seit jeher die Nadelindustrie von großer Bedeutung war. Mit dem kleinen Finger, dem „Klenkes", wurden die fehlerhaften Nadeln aussortiert. So bürgerte sich dieser Gruß im Laufe der Zeit unter den Aachenern ein.

The "Klenkes"

Local artist Hubert Löneke created the statue in 1970. It shows three youths lifting the pinky of their right hands into the air.

This is a characteristic greeting sign with which citizens of Aachen greet each other throughout the world. It likely originated in the industrial production of needles in Aachen. Using the smallest finger on their hand, in Aachen called "Klenkes," badly produced needles were rejected during production. Over time this use in the local industry became a local greeting sign.

Le petit doigt

Ce monument qui se trouve au « Holzgraben » est une oeuvre de l'artiste aixois Hubert Löneke. L'oeuvre datant de 1970 représente trois jeunes hommes qui lèvent en l'air leur auriculaire droit (le petit doigt).

Il s'agit là du signe de reconnaissance des Aixois (Aachener) partout dans le monde. Il tient probablement son origine de la fabrication des aiguilles qui a de tout temps été très importante pour la ville. Les aiguilles défectueuses étaient mises à part d'un mouvement du petit doigt (« Klenkes »). Au fil du temps, ce signe a été adopté par les Aixois comme geste de salut.

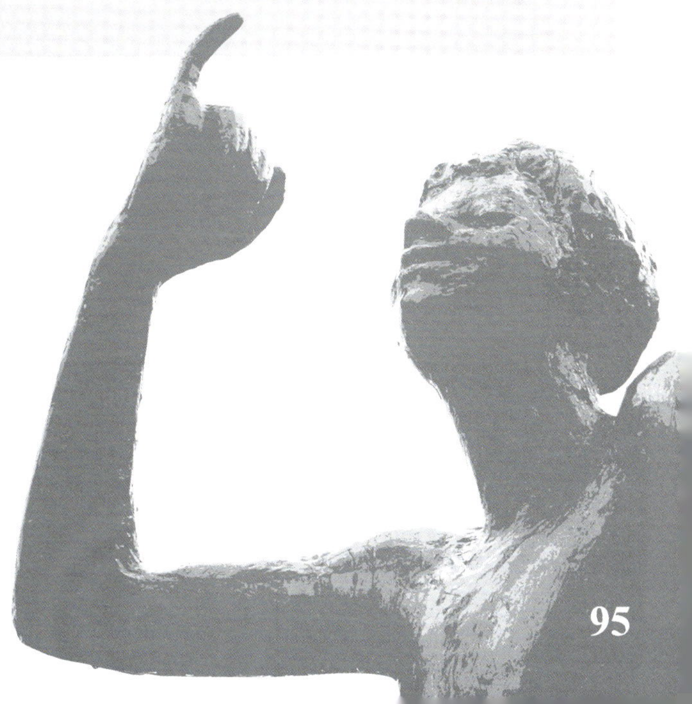

Ringkampf der Jungen in der Kockerellstraße • Wrestling match between boys in Kockerellstraße • Combat de jeunes rue Kockerellstraße

Der Puppenbrunnen wurde 1975 vom Aachener Bildhauer Bonifatius Stirnberg geschaffen. • Sculptor Bonifatius Stirnberg created the puppet fountain in 1975. • La fontaine aux poupées réalisée en 1975 par le sculpteur aixois Bonifatius Stirnberg.

Wehrhafter Schmied • Fighting Blacksmith • Le « forgeron-defenseur » (de la ville)

Das Printendenkmal

An der Ecke Körbergasse/Büchel steht die Bronzeplastik von Hubert Löneke aus dem Jahre 1984. Gestiftet wurde die Figur eines Mädchens mit einer großen Printe im Arm von Leo van den Daele, der hier auch sein Café hat. Bekannt ist es besonders für seinen Reisfladen und natürlich die Printen.

The "Printen" Statue

At the corner of the alley "Körbergasse" and "Büchel" another bronze statue created by Hubert Lönecke created in 1984 can be found. The statue shows a girl holding the local variant of ginger-bread: a "Printe." Leo van den Daele, who also owns the café close by, known for its rice-based cakes and various Printen, donated it to the city.

Le monument au pain d'épice (le Printendenkmal)

Depuis 1984, à l'angle des rues Körbergasse (ruelle des vanniers) et Büchel trône une sculpture de bronze de Hubert Löneke. La sculpture d'une fillette avec un pain d'épice (moulé en forme de langue, appelé en allemand Printe – pluriel Printen) dans ses bras a été offerte par Leo van den Daele, propriétaire du café d'à côté. Le café est connu pour sa tarte au riz et, bien sûr, pour ses Printen.

Am Büchel war die Heimstätte des berüchtigten „Bahkauvs". Der Legende nach pflegte das Bahkauv sich nachts den alkoholisierten „Spätheimkehrern" auf den Rücken zu legen.

The infamous creature Bahkauv lived at Büchel. According to legend, the Bahkauv used to climb on the back of intoxicated night owls returning home.

Au sommet de la colline « Büchel » se trouvait le refuge du « Bahkauv », animal légendaire de mauvaise réputation. D'après la légende, le Bahkauv avait l'habitude d'obliger les personnes ivres rentrant tard dans la nuit chez elles à le porter sur leur dos.

Der Hühnerdieb

Dem Aachener Oberbürgermeister Veltmann und seinem Besuch der Berliner Kunstausstellung haben die „Öcher" Bürger das Brunnendenkmal des Hühnerdiebs von dem Berliner Künstler Hermann Joachim Pagels zu verdanken.

Dieser erwarb die Figur und ließ sie am Weihnachtsmorgen des Jahres 1913 auf dem Hühnermarkt enthüllen. Das Denkmal zeigt einen verdutzten Dieb, der durch das Krähen des Hahns bemerkt, dass er kein Huhn gestohlen hat!

Während des Zweiten Weltkriegs im Jahre 1943 eingeschmolzen, wurde die Figur nachgegossen und 1953 wieder aufgestellt.

The "Hühnerdieb"

Former Mayor Philipp Veltmann brought this statue to Aachen after visiting the Berlin art exhibit. It was created by Berlin artist Hermann Joachim Pagels and was, along with the fountain it adorns, revealed on Christmas morning 1913 on the "Hühnerdieb" (chicken thief) square. It shows a surprised thief who notices the chicken he was attempting to steal is a cock when it starts croaking. The original statue was melted down in 1943 during WWII, but recreated using the original mold in 1953.

Le voleur de poules

Les citoyens aixois (« Öcher ») sont reconnaissants au premier bourgmestre (maire) d'Aix-la-Chapelle Veltman pour sa visite de l'exposition d'art de Berlin et pour le monument de la fontaine au voleur de poules dû à l'artiste berlinois Hermann Joachim Pagels.

Le maire acquit la figure et la dévoila un matin de Noël 1913 sur le marché aux poules (Hühnermarkt). C'est la sculpture d'un voleur étonné qui, au chant du coq, constate qu'il n'a pas volé de poule !

La sculpture fut fondue pendant la Seconde Guerre mondiale puis elle fut moulée de nouveau et remise en place en 1953.

Das Fischpüddelchen (kleines, nacktes Kind)

Der Berliner Bildhauer Hugo Lederer stiftet den Brunnen mit Bronzeplastik im Jahre 1911 der Stadt Aachen. Nachdem auch diese Figur den Einschmelzungen des Zweiten Weltkriegs zum Opfer fiel, wurde sie im Jahre 1954 von dem aus Aachen stammenden Künstler Heinrich-Clemens Dick originalgetreu nachgebildet und an seinem alten Platz, dem Fischmarkt, wieder aufgestellt. Hier waren über viele Jahrhunderte hinweg Fische der ganzen Umgebung verkauft worden.

The "Fischpüddelchen"

Berlin sculptor Hugo Lederer donated this bronze fountainhead in 1911 of a young girl holding a fish. This statue was also melted down during WWII but painstakingly recreated by local artist Heinrich-Clemens Dick and once again erected near the "Fischmarkt," a market used to sell fish from the region for many centuries.

Le petit enfant nu (Fischpüddelchen)

En 1911, le sculpteur berlinois Hugo Lederer offrit à la ville d'Aix-la-Chapelle cette fontaine surmontée d'une sculpture de bronze. Après avoir été sacrifiée et fondue pendant la Seconde Guerre mondiale, la sculpture est, en 1954, refondue à l'identique par l'artiste originaire d'Aix-la-Chapelle Heinrich-Clemens Dick, et ensuite remise à son emplacement initial, le marché aux poissons (Fischmarkt). Pendant des siècles, sur ce marché se vendait le poisson provenant de toute la région.

Türelüre-Lißje-Brunnen

Der Brunnen an der Klappergasse/Ecke Rennbahn ist eine Bronze des Aachener Künstlers Hubert Löneke aus dem Jahre 1967. Die Vorlage zu diesem Brunnenbecke aus Granit lieferte ein Folklorelied. Das kleine Mädchen, „et Lißje", wird von einigen frechen Jungen umtanzt und kann ihre Notdurft nicht mehr zurückhalten. Sie hockt sich hin und verrichtet notgedrungen ihr Geschäft.

"Türelüre-Lißje"-Fountain

The fountain at the corner of the roads "Klappergasse" and "Rennbahn" is another creation by local artist Hubert Löneke from the year 1967. It is based on a song from local folklore in which a young girl, "Lißje," is surrounded and danced around by boys preventing her from leaving. She finally had to squat and answer nature's call.

La fontaine « Türe-lüre-Lißje »

La fontaine située à l'angle des rues Klappergasse et Rennbahn est un bronze réalisé en 1967 par l'artiste aixois Hubert Löneke. Le modèle du bassin en granit de cette fontaine est inspiré d'une chanson folklorique. La petite fille « Lißje » est cernée de garçons impudents dansant autour d'elle et ne peut plus retenir ses besoins. Elle se trouve alors contrainte de s'accroupir et de se soulager.

Stelzenläufer am Hermann-Heusch-Platz • Stilt walkers at Hermann-Heusch-Platz • Coureurs sur échasses sur la place Hermann-Heusch

Blick vom Katschhof aufs Rathaus • *View of the town hall from Katschhof* • *Vue sur l'Hôtel de ville depuis le « Katschhof »*

Das Aachener Rathaus

Das heutige Rathaus steht auf den Fundamenten eines Teils der ehemaligen Pfalzanlage Karls des Großen, deren Mauerwerk es in sich aufgenommen hat (im Erdgeschoss des Rathauses sind noch Reste erhalten). Hier wurde nach den Krönungen das Festmahl abgehalten. Das erste Mal fand dieses 813 bei der Krönung Ludwigs I. statt.

Da das Gebäude im Laufe der Zeit in einem immer schlechteren Zustand war, wurde es im 13. Jahrhundert an die Stadt übergeben, welche es wieder herrichten sollte. Es entstand ein neuer Bau im gotischen Stil, wobei das Fundamentmauerwerk der Apsis im Westen und der Granusturm (wurde um 14 Meter aufgestockt) erhalten blieben. Seit dem Jahre 1349 bis heute werden die Ratssitzungen in dem neuen Gebäude abgehalten. Der Saal im zweiten Obergeschoss war zur damaligen Zeit einer der größten Säle nördlich der Alpen (45 Meter lang, 18,50 Meter breit). Die Krönungsmähler wurden hier weiterhin bis zum Jahre 1531 abgehalten.

Beim Stadtbrand 1656 wurde das Rathaus stark beschädigt und auf Grund dessen umgebaut. Johann Joseph Couven verkleidete das Gebäude im frühen 18. Jahrhundert im Stil des Barocks und baute eine Treppe davor. Dabei wurde leider das mittelalterliche Bildprogramm zerstört, welches nicht mehr rekonstruiert werden kann.

Während des Zweiten Weltkriegs drohte das Gebäude nach mehreren Bombenangriffen einzustürzen, doch die Erfindung einer besonderen seitlichen Verankerung der Längswände durch den Aachener Bauingenieur Professor Josef Pirlet rettete die Fassade vor dem Abriss.

Heute dient das Rathaus nicht nur dem Rat als Sitzungsort, sondern präsentiert auch Ausstellungen unter seinem Dach. Besonders sehenswert sind im

Winterliche Atmosphäre am Rathausplatz
Winter atmosphere at the town hall
Atmosphère hivernale sur la place de l'Hôtel de ville

Inneren die berühmten Rethelfresken von 1841, welche Szenen aus dem Leben Karls des Großen darstellen. Darüber hinaus sind Kopien der Wiener Reichskleinodien und das Reichsevangeliar zu sehen. Im Erdgeschoss können außerdem Räume im barocken Stil besichtigt werden.

Seit 1950 wird im Aachener Rathaus meist an Christi Himmelfahrt der Karlspreis verliehen. Mit diesem werden Persönlichkeiten geehrt, die sich um die Einigung Europas verdient gemacht haben.

Direkt links, ans Rathaus angelehnt, befinden sich in der Krämerstraße zwei Gebäude, welche die Gaststätte „Zum Postwagen" beherbergen. Das größere Backsteinhaus ist wohl im Jahr nach dem Stadtbrand entstanden, das Holzgebäude stammt wohl noch aus den Jahren vor 1656.

The town hall

The town hall was constructed on foundation parts of Charlemagne's palatine palace, whose lower brickwork was incorporated and can still be seen in the lower levels. After coronations a feast was held in the town hall – for the first time in 813 for the coronation of Louis the Pious.

Since the building was more and more dilapidated through the centuries, it was handed over to the city in the 13th century to be restored. It was reconstructed in a gothic style, the apsis in the west and the Granus tower, which was extended upwards by 14 meters, were preserved. Since the year 1349 council meetings are held in this building.

The chamber in the upper level once was one of the largest chambers north of the

Rechts • Right • A droite: ▶

Aachener Rathaus – Rückseite
Aachen town hall – rear side
L'Hôtel de ville – côté arrière

Alps (45 meters long, 18.5 meters wide). Coronation feasts were held here up to the year 1531.

During the city fire in 1656 the town hall was damaged extensively and rebuilt. Johann Joseph Couven covered the façade in a baroque style and added a staircase leading up to the front. Sadly this destroyed the medieval pictures which covering the façade, which can no longer be reconstructed.

During WWII the building was impending collapse after many bombs had hit it. An invention by Prof. Josef Pirlet saved the façade by anchoring it to the sidewalls.

Today the town hall not only is a place to hold council meetings, it also presents many exhibitions. Especially worth seeing are the Rethel-frescos (1841), which depict scenes from the life of Charlemagne.

Since 1950 the Charlemagne Prize of the City of Aachen is also given out in the town hall on Ascension Day. The award is given to persons who rendered exceptional services to the unification of Europe.

On the immediate left of the town hall, in the Krämerstrasse (chandler road), two buildings lean against the town hall that house the restaurant "Zum Postwagen" (mail car). The larger brick-lined house was erected after the city fire in 1656, the wooden structure ironically predates the fire.

L'Hôtel de ville d'Aix-la-Chapelle

L'actuel Hôtel de ville est érigé sur les fondations d'une partie de l'ensemble palatial de Charlemagne dont la maçonnerie y a été intégrée (au rez-de-chaussée il y a encore des vestiges bien conservés). On organisait ici les banquets après les couronnements. Le premier banquet s'est tenu en 813 lors du couronnement de Louis Ier.

Comme l'édifice se délabrait de plus en plus au fil des ans, il a été cédé au XIIIe siècle à la ville qui devait le remettre en état. Ainsi est apparu un nouvel édifice de style gothique, la maçonnerie des fondations de l'abside ouest et de la Tour Granus (sur-élevée de 14 m) ayant été conservée. De 1349 à nos jours toutes les séances du conseil municipal se tiennent dans la nouvelle construction. Pour cette époque, la salle du deuxième étage (45 m de long sur 18,5 m de large) était considérée comme l'une des plus grandes salles au nord des Alpes. Ainsi, on continua à y tenir des banquets, jusqu'en 1531.

Lors de l'incendie de la ville en 1656, l'Hôtel de ville a été fortement endommagé et, pour cette raison, reconstruit et transformé. Au début du XVIIIe siècle, Johann Joseph Couven a décoré l'édifice en style baroque et a construit le perron. Mais, malheureusement, l'imagerie et les peintures médiévales ont été détruites et n'ont pas pu être reconstituées.

Pendant la Seconde Guerre mondiale, le bâtiment a menacé de s'écrouler à la suite de bombardements répétés, mais l'invention d'un système spécial d'ancrage des murs longitudinaux par l'ingénieur en génie civil aixois, le professeur Joseph Pirlet, a sauvé la façade de l'effondrement.

Aujourd'hui, l'Hôtel de ville ne sert pas seulement comme lieu de réunions du conseil municipal, mais abrite aussi des expositions. À l'intérieur, les célèbres fresques de Rethel datant de 1841 et présentant des scènes de la vie de Charlemagne méritent d'être admirées. En outre, on peut aussi admirer des copies des joyaux impériaux de Vienne et l'évangéliaire impérial. En plus de ça, on peut visiter au rezde-chaussée des salles de style baroque.

Depuis 1950, la plupart du temps, le Prix Charlemagne est décerné dans l'Hôtel de ville le jour de l'Ascension. Ce prix est attribué aux personnalités qui ont contribué à l'unification de l'Europe.

Juste à gauche de l'Hôtel de ville, dans la rue Krämerstraße, se trouvent deux constructions quijouxtent le bâtiment. Elles abritent le restaurant « Zum Postwagen » (« Au wagon-poste »). La construction la plus grande est en briques et a été probablement bâtie l'année d'après l'incendie de la ville, tandis que le bâtiment de bois daterait d'avant 1656.

Der Karlsbrunnen

Auf dem Aachener Marktplatz direkt vor dem Rathaus steht der Karlsbrunnen, in dessen Mitte Karl der Große mit den Insignien der Macht (Zepter, Krone, Reichsapfel und Schwert) über die Stadt blickt. Das Original der Karlsstatue (von 1620) befindet sich aus denkmalpflegerischen Gründen im Krönungssaal des Rathauses und wurde 1969 durch diese Kopie ersetzt.

Stadtbaumeister Johann Joseph Couven erneuerte 1735 das Blausteinbecken des Brunnens und ergänzte die Bronzedelfine im Brunnen. Das Wasser sprudelt über sechs Löwenköpfe ins Bassin, welches von den Aachenern liebevoll „Eäzekomp" (Erbsenschüssel) genannt wird.

The Charlemagne Fountain

In the center of the marketplace, directly in front of the town hall, a statue of Charlemagne himself stands on top of the fountain, holding his regal insignia (scepter, crown and globus crociger). The original of this statue made in 1620 is exhibited in the "Krönungsaal" within the town hall because it is deemed too valuable. Since 1969 a copy replaced the original on top of the fountain.

Johann Joseph Couven renovated the bluestone basin of the fountain and added two bronze dolphins in the 1735. Water cascades down from six lion heads into the basin, which locally has received the moniker "pea pod" ("Eäzekomp").

Karl ließ hinter dem Rathaus im Jahre 812 Heil- und Gewürzkräuter anpflanzen. • Charlemagne ordered spices and healing herbs to be planted behind the town hall in 812. • Charlemagne a laissé planter en 812 derrière l'Hôtel de ville des herbes médicinales et aromatiques.

Karlsbrunnen • Charlemagne fountain on the market square • La fontaine de Charlemagne sur la place du marché

La fontaine de Charlemagne

Sur la place du marché d'Aix-la-Chapelle, juste en face de l'Hôtel de ville se trouve la fontaine de Charlemagne du milieu de laquelle l'Empereur, tenant les insignes du pouvoir (le sceptre, la couronne, le globe impérial et le glaive), contemple sa ville. L'original de la statue (daté de 1620) se trouve dans la salle du couronnement de l'Hôtel de ville pour des raisons de préservation. Il a été remplacé par une copie en 1969.

L'architecte en chef de la ville Johann Joseph Couven a rénové en 1735 le bassin de pierre bleue de la fontaine et y a ajouté deux dauphins de bronze. L'eau jaillit par six têtes de lion dans le bassin que les aixois appellent par amour « Eäzekomp » (Erbsenschüssel ou écuelle de soupe de pois).

Schöne antike Möbel im Rathaus • *Beautiful antique furniture in the town hall* • *Jolis meubles antiques à l'Hôtel de ville*

Arbeitszimmer des Oberbürgermeisters • *Office of the mayor* • *Bureau du premier bourgmestre (maire) d'Aix-la-Chapelle*

Leuchter im Rathauszimmer • *Candelabra in a room of the town hall* • *Lustre dans une salle de l'Hôtel de ville*

Reichsinsignien im Krönungssaal • *Imperial regalia in the coronation hall* • *Insignes impériaux dans la salle du couronnement*

Granusturm • Granus tower • Tour Granus

Der Granusturm

Der zum Rathaus gehörende quadratische Turm im Osten ist bis zum fünften Geschoss (20 Meter) historisch aus der Zeit Karls des Großen erhalten. Seinen Namen erhielt er wahrscheinlich aus der Sage des römischen Feldherren Granus, wobei er sich auch vom Wort „gradus" (Turm) ableiten könnte. Bis ins 13. Jahrhundert hieß der Turm jedoch „turris regis".

Die Nutzung in karolingischer Zeit ist unbekannt. Wahrscheinlich wurde der Turm als Wachturm und Lagerstätte für Urkunden und Waffen genutzt.

Im Inneren des Turms werden die drei Geschosse durch eine schmale, geradläufige Treppe verbunden, welche in überwölbten Räume mündet.

Innenbereich des Granusturms mit karolingischem Mauerwerk • Interior of Granus tower with Carolingian brickwork • Partie intérieure de la tour Granus avec maçonnerie carolingienne

Mittelalterliches Schloss im Granusturm • Medieval lock in the Granus tower • Serrure médiévale dans la tour Granus

Altes karolingisches Mauerwerk • Old Carolingian brickwork • Ancienne maçonnerie carolingienne

The "Granusturm"

The first five floors (20 meter, 65 feet) of the large, square tower in the east of the town hall date from the time of Charlemagne. The name "Granusturm" likely stems from the roman general Granus, but could also be related to the German word for tower, "gradus." Well into the 13th century though the tower was called "turris regis."

The use of this structure in Carolingian times is not known. Most likely the tower was used as lookout and storage space for records and weapons.

In the interior of the tower, three levels are connected by a narrow staircase that ends in rooms with vaulted ceilings.

La tour Granus

Cette tour carrée située à l'est et attenante à l'Hôtel de ville est d'époque carolingienne jusqu'à son cinquième étage (20 m). Son nom provient probablement de la légende du général romain Granus. Et il est possible aussi qu'il dérive du mot latin « gradus » (tour). Cependant, jusqu'au XIIIe siècle la tour s'appelait « turris regis ». Son utilisation à l'époque carolingienne n'est pas connue. Il est possible qu'elle ait servi de tour de guet et d'entrepôt pour les documents et les armes.

À l'intérieur de la tour, trois étages communiquent par un escalier droit et étroit qui débouche sur des salles voûtées.

Ausdrucksstarkes Transparent mit Leuchte am Eingang des Postwagens • Signage with lamp at the entrance of "Postwagen" restaurant • Admirable enseigne lumineuse à l'entrée du « Postwagen »

◄ Links • Left • A gauche:

Der „Postwagen" ist das einzige erhaltene Holzhaus der Kaiserstadt, dessen Geschichte wohl bis in die Zeit vor 1656 zurückgeht. Der „Postwagen" ist die wohl urigste Kneipe am Ort.

The "Postwagen" is the only remaining wooden house in town. It can be traced back to 1656. It is probably the most rustic restaurant near the market place.

Le « Postwagen » (le wagon-poste) est l'unique maison en bois restante dans la ville de Charlemagne. Son histoire remonte à 1656. C'est le bistro le plus original de la place.

Rechts • Right • A droite: ►

Postwagen an der Nordseite

"Postwagen" north side

Le « Postwagen » côté nord

Karlspreis 2008 zu Aachen für die Bundeskanzlerin Frau Dr. Angela Merkel • Charlemagne Prize of the City of Aachen in 2008 for Chancellor Dr. Angela Merkel • Le Prix Charlemagne 2008 attribué à Aix-la-Chapelle à la chancelière d'Allemagne, Madame Angela Merkel

Beflaggung bei der Karlspreisverleihung 2008 • Flags for Charlemagne Prize in 2008 • Pavoisement lors de l'attribution du Prix Charlemagne 2008

Rechts • Right • A Droite: ▶

Buffet in der Aula Carolina für geladene Gäste zu Ehren der Karlspreisträgerin 2008, Frau Dr. Angela Merkel • Buffet in Aula Carolina for invited guests in honor of Charlemagne Prize winner 2008, Dr. Angela Merkel • Réception dans la salle des fêtes Caroline en l'honneur de la lauréate du Prix Charlemagne 2008, Madame Angela Merkel.

Das Couven-Museum

An der Stelle des heutigen Couven-Museums befand sich früher die Stadtwaage, die jedoch im Jahre 1656 beim Stadtbrand zerstört wurde. Der Apotheker Coebergh errichte daraufhin an dieser Stelle seine Adlerapotheke und der Mitarbeiter Andreas Monheim erwarb diese im Jahre 1783. Sein Sohn Johann Peter Monheim tat sich durch Analysen des Aachener Heilwassers hervor und war sehr aktiv in der Sozialfürsorge, weshalb die Monheimsallee am Spielkasino nach ihm benannt wurde.

Das Haus am Hühnermarkt wurde dann 1786 von Jakob Couven (1735-1812) umgebaut. Er und sein Vater, Johann Joseph Couven, waren bekannte Baumeister des 18. Jahrhunderts, die in Aachen heimisch waren und das Aachener Stadtbild vielfach prägten.

Seit 1958 wird der Öffentlichkeit im Couven-Museum in 26 Räumen bürgerliche Wohnkultur nähergebracht. Direkt am Eingang findet man heute noch die Einrichtung der alten Adlerapotheke, in welcher damals auch Schokolade hergestellt wurde.

Ende der 90er Jahre wurde das Gebäude saniert und im Jahre 2001 wiedereröffnet.

Couven-Museum • *Couven-Museum* • *Le musée Couven*

Couven-Museum

At the location of what today is the Couven Museum, an official, city-controlled scale was operated, which merchants used to determine the official weight of their goods. It was, however, destroyed in the city fire of 1656. Druggist Coebergh then erected the "Adler" (eagle) pharmacy here, which his associate Andres Monheim bought from him in 1783. His son Johann Peter Monheim, a well-known philanthropist, established the pharmacy through studies of Aachen's thermal spring water. The boulevard that today runs in front of Aachen's casino is named after him: Monheimsallee.

The house close to the "Hühnermarkt" square was remodeled by Jakob Couven (1735-1812) in 1786. He and his father, Johann Joseph Couven, were well known master builders of the 18th century who lived and worked in Aachen putting their distinct stamp on the city.

Since 1958 the Couven Museum is open to the public, showing 26 rooms of middle-class interiors from various eras. Close to the entrance the equipment and furniture of the "Adler" pharmacy is exhibited, which also used to produce chocolate.

At the end of the 1990s the museum was renovated and has been open again since 2001.

Le musée Couven

À l'emplacement de l'actuel musée Couven se trouvait jadis la balance municipale qui a été détruite lors de l'incendie de 1656. Le pharmacien Coebergh a construit à cet endroit sa pharmacie Adler. Son collaborateur Andreas Monheim l'a acquise en 1783. Le fils de ce dernier, Johann Peter Monheim s'est distingué par l'analyse des eaux minérales et participait activement à la vie sociale de la ville ; c'est pour cette raison que l'avenue où se situe le Casino a été baptisée en son nom « Monheimsallee ».

La maison sise sur le marché aux poules a été reconstruite en 1786 par Jakob Couven (1735-1812). Lui et son père Johann Joseph Couven étaient de célèbres ingénieurs en bâtiment du XVIIIe siècle. Ils étaient originaires d'Aix-la-Chapelle et ont fortement marqué de leur empreinte l'image de la ville.

Depuis 1958, dans les 26 salles du musée Couven est présentée au public une collection de meubles d'intérieur illustrant la culture de l'habitat et l'art de vivre chez soi. Juste à l'entrée, on peut encore voir le mobilier et le matériel de l'ancienne pharmacie Adler où, autrefois, on fabriquait aussi du chocolat.

À la fin des années 1990, le musée a été rénové et rouvert au public en 2001.

Eingangsbereich zum Couven-Museum
Entrance to Couven-Museum
L'entrée du musée Couven

Die Adlerapotheke - über vier Generationen im Familienbesitz
The pharmacy "Adlerapotheke" – family property over four generations
La pharmacie Adler – propriété familiale depuis plus de quatre générations

Der Hof

Auf dem ehemaligen Gelände des Kaiserbads – heute „Hof" genannt – wurden 1967/68 Teile eines römischen Badetempels aus der zweiten Hälfte des 2. Jahrhunderts n. Chr. ausgegraben. Die Nachbildung wurde an dieser Stelle aufgestellt, während sich das Original im Rheinischen Landesmuseum in Bonn befindet.

Die Römer errichteten Thermen nach römischem Vorbild und konnten so die Vorzüge der heißen Aachener Quellen nutzen.

The "Hof"

At the location of the former imperial thermal spa, today called "Hof" (courtyard), remnants of a temple spa from the second half of the 2nd Century AD were excavated in 1967/68. A reconstruction still remains, but the original pieces were moved to the Rhenish state museum (Rheinisches Landesmuseum) in Bonn. The Romans had built one of their famous spas here in order to use the locally found hot springs for recuperation of their armies.

La cour (der « Hof »)

À l'emplacement des anciens bains de l'Empereur – appelés aujourd'hui la cour (Hof) – on a découvert lors de fouilles en 1967-1968 des vestiges d'un temple thermal romain daté de la deuxième moitié du IIe siècle de notre ère. Une réplique est exposée en cet endroit, tandis que l'original se trouve à Bonn, au musée du Land rhénan.

Les Romains érigeaient les thermes sur le modèle romain et pouvaient utiliser les vertus des sources chaudes d'Aix-la-Chapelle.

Hof mit römischer Bogenkonstruktion • "Hof" with Roman arch • Le « Hof » (la cour) avec les arcades romaines

Blick vom Hof auf den Dom. Den Blickfang bildet hier die römische Bogenkonstruktion, die erst nach dem Zweiten Weltkrieg ausgegraben und als Kopie hier errichtet wurde. Das Original befindet sich im Rheinischen Landesmuseum Bonn.

View through a Roman arch in direction of the cathedral. This eye-catcher was excavated after WWII and a copy erected here. The original is in the Rhenish state museum (Rheinisches Landesmuseum) in Bonn.

Vue sur la cathédrale à travers les arcades romaines. Ici, ce qui attire le regard, c'est ces arcades romaines qui ont été mises au jour juste après la Seconde Guerre mondiale. C'est leur copie qui est présentée au public. L'original se trouve au musée du land de Rhénanie à Bonn.

Eingangsbereich zum Weihnachtsmarkt • *Entrance to the Christmas market* • *L'entrée du marché de Noël*

Fensterdekoration während der Vorweihnachtszeit • *Window decoration during Christmas season* • *Fenêtre décorée pour les fêtes de Noël*

Details vom Aachener Weihnachtsmarkt • *Items to be found at the Christmas market* • *Détails du marché de Noël d'Aix-la-Chapelle*

Weg zur Weihnachtskrippe im Dom • *Hallway to nativity scene in the cathedral* • *Passage menant à la crèche de Noël dans la cathédrale*

Details von der Weihnachtskrippe im Dom • *Details of the nativity scene in the cathedral* • *Détails de la crèche de Noël de la cathédrale*

Zeitleiste

Um 748	Geburt Karls des Großen Charlemagne is born Naissance de Charlemagne
768	Herrschaftsantritt Karls des Großen Charlemagne starts his reign Début du règne de Charlemagne
Um 785	Baubeginn der Aachener Pfalz Palatine Chapel (Octagon) construction is started Début de la construction de l'ensemble palatial d'Aix-la-Chapelle
800	(Weihnachten) Krönung Karls des Großen zum Kaiser in Rom Coronation of Charlemagne as emperor in Rome Couronnement à Rome de l'Empereur Charlemagne (à Noël)
813	Erstes Krönungsmahl im heutigen Rathaus First coronation banquet held in town Premier banquet du couronnement dans l'actuel Hôtel de ville
28. 01. 814	Tod Karls des Großen Death of Charlemagne Mort de Charlemagne
936	Erste Krönung im Dom (Otto I.) First coronation at Aachen cathedral (Otto I.) Premier couronnement dans la cathédrale (Otto Ier)
1165	Heiligsprechung Karls des Großen Canonization of Charlemagne Canonisation de Charlemagne
1166	Aachen wird zur freien Reichsstadt erklärt Aachen is declared a free, imperial city Aix-la-Chapelle est déclarée Ville-Etat libre
1238	Reliquien werden der Öffentlichkeit zugänglich gemacht Reliquaries are made available to the public Les reliques sont rendues accessibles au public
1220-1238	Errichtung des Marienschreins Construction of the Shrine of the Virgin Mary Conception de la châsse de la Vierge Marie
1349	Begründung der Heiligtumsfahrt in Aachen Pilgrimage to worship reliquaries in Aachen is started Institution du pèlerinage à Aix-la-Chapelle
1349	Beginn der Ratssitzungen im heutigen Rathaus Council meetings first held in town hall Début des séances du conseil municipal dans l'actuel Hôtel de ville
1355	Errichtung des neuen Chorraums Construction of a new choir hall in the cathedral Réalisation de la nouvelle salle du chœur
1367	Bau der Ungarnkapelle Construction of the Hungarian Chapel Construction de la chapelle hongroise
1400	Bau der Matthiaskapelle Construction of St. Matthew's Chapel Construction de la chapelle Saint-Matthieu
25. 01. 1414	Einweihung des Chorraums Extension of the choir hall Inauguration de la salle du chœur
1449	Bau der Annakapelle Construction of Anna's Chapel Construction de la chapelle Sainte-Anne
1450-55	Bau der Marienkapelle Construction of Virgin Mary's Chapel Construction de la chapelle Sainte-Marie
1465-1474	Bau der Karls- und Hubertuskapelle Construction of Charlemagne's and Hubertus' Chapel Construction des chapelles Saint-Charles et Saint-Hubert
1487	Bau der Nikolaus- und Michaelskapelle Construction of St. Nicholas' and St. Michael's Chapel Construction des chapelles Saint-Nicolas et Saint-Michel

1620	Errichtung des Karlsbrunnens Construction of the "Karlsbrunnens" (Charlemagne Fountain) Erection de la fontaine de Charlemagne
1656	Großer Stadtbrand zerstört große Teile der Stadt Fire destroys large parts of the city Un énorme incendie détruit une grande partie de la ville
1756	Wiederaufbau der Ungarnkapelle Reconstruction of Hungarian Chapel Reconstruction de la chapelle hongroise
1786	Umbau des heutigen Couven-Museums durch Jakob Couven Couven Museum remodeled by Jakob Couven Transformation de l'actuel musée Couven par Jakob Couven
1792	Besetzung Aachens durch die Franzosen Occupation of Aachen by the French Occupation d'Aix-la-Chapelle par les français
1801	Der Dom wird Bischofskirche Cathedral becomes seat of the Bishop La cathédrale devient Eglise épiscopale
1822-1827	Bau des Elisenbrunnens Construction of the "Elisenbrunnen" Construction de la fontaine d'Elise
1880-1881	Anbringung des Kuppelmosaiks Mosaic in the dome of the cathedral Pose des mosaïques de la coupole
1911	Aufstellung des Brunnens „Das Fischpüddelchen" "Fischpüddelchen" fountain erected Erection de la fontaine du petit enfant nu (Fischpüddelchen)
1913	Aufstellung des Denkmals „Der Hühnerdieb" "Hühnerdieb" erected Erection du monument « Le voleur de poules »
1950	Erstmalige Verleihung des Karlspreises First Charlemagne Prize of the City of Aachen awarded Première attribution du Prix Charlemagne
1953-54	Wiederaufbau des Elisenbrunnens Reconstruction of "Elisenbrunnen" Reconstruction de la fontaine d'Elise
1958	Öffnung des Couven-Museums für die Öffentlichkeit Opening of Couven Museum Ouverture au public du musée Couven
1967	Aufstellung des Brunnens „Türelüre-Lißje" „Türelüre-Lißje" fountain erected Erection de la fontaine « Türelüre-Lißje »
1970	Aufstellung des Denkmals „Der Klenkes" „Der Klenkes" erected Erection du monument « Le petit doigt » (Klenkes)
1977	Aufstellung des Brunnens „Kreislauf des Geldes" "Money-Cycle" Fountain erected Erection de la fontaine « Le cycle de l'argent »
1978	Aachener Dom wird zum UNESCO-Welt kulturerbe ernannt Aachen Cathedral joins UNESCO list of world heritage sites La cathédrale d'Aix-la-Chapelle est inscrite au patrimoine mondial de l'UNESCO
1978	Aufstellung des „Möschebrunnens" "Möschebrunnen" erected Erection de la fontaine aux oiseaux (Möschebrunnen)
1984	Aufstellung des „Printendenkmals" "Printen" statue erected Erection du monument au pain d'épice (Printendenkmal)
2008/2009	Neugestaltung des Elisengartens Remodeling of Elisengarten, the park behind Elisenbrunnen Réaménagement du jardin d'Elise

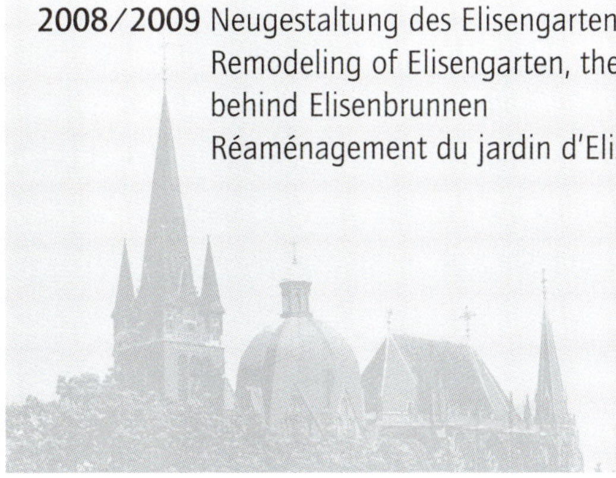

Quellen- und Literaturverzeichnis

Alfred Carl (2007). *Aachen und sein Dom,* Aachen, Einhard Verlag.

Alfred Carl (1986). *Der Aachener Dom, Gestalt-Geschichte-Geist.* Aachen, Einhard Verlag.

Elfriede Corr. 5. Auflage, (o. J.). *Aachener Brunnen und Denkmäler.* Aachen, Mayer Verlag.

Ernst Günther Grimme (1996). *Das Rathaus zu Aachen.* Aachen, Einhard Verlag.

Ernst Günther Grimme (1994). *Der Dom zu Aachen.* Aachen, Einhard Verlag.

Ernst Günther Grimme (2000). *Der Dom zu Aachen.* Aachen, Einhard Verlag.

Dorothée Hugot (2000). *Der Dom zu Aachen.* Aachen, Einhard Verlag.

Max Kerner (2000). *Karl der Große – Entschleierung eines Mythos.* Köln, Böhlau Verlag.

Josef Lambertz (2006). *Kleine Geschichte des Aachener Domes.* Aachen, o. V.

Herta Lepie & Lothar Schmitt (1998). *Der Barbarossaleuchter im Dom zu Aachen.* Aachen, Einhard Verlag.

Bruno Lerho (1996). *Alte Aachener Bauten.* Aachen, Meyer & Meyer Verlag.

Udo Mainzer (Hrsg.). (2002). *Die gotische Chorhalle des Aachener Doms.* Petersberg, Imhof Verlag.

Wolfgang Richter & Andreas Herrmann (2001). *Aachen – Zwischen Augenblick und Ewigkeit.* Hamburg, Medien-Verlag Schubert.

Anja Riedeberger (2005). *Die Pfalzkapelle Karls des Großen in Aachen.* Norderstedt, GRIN Verlag.

Sparkasse Aachen (Herausgeber). (1998). *175 Jahre Elisenbrunnen.* Eine Ausstellung des Museums Burg Frankenberg in der Sparkasse Aachen. Aachen, Emhart Verlag.

Dieter P. J. Wynands (2000). *Der Dom zu Aachen.* Frankfurt am Main u. a., Insel Verlag.

http://www.aachendom.de

http://www.az-web.de

Bildnachweis

Covergestaltung:	Sabine Groten
Idee und Fotos:	Herbert Bremm
Texte:	Patricia Arin (D)
	Sebastian Meyer (E)
	Abdou Deramschi (F)
Satz/Layout:	Andrea Eisen